期刊论文投稿解惑与写作建议

赵联飞 / 著

重庆大学出版社

图书在版编目（CIP）数据

期刊论文投稿解惑与写作建议 / 赵联飞著. --重庆：
重庆大学出版社，2020.1（2024.11重印）
（万卷方法）
ISBN 978-7-5689-1545-8

Ⅰ.①期…　Ⅱ.①赵…　Ⅲ.①论文—写作Ⅳ.
①H152.3

中国版本图书馆CIP数据核字（2019）第076454号

期刊论文投稿解惑与写作建议
赵联飞 著
策划编辑：林佳木

责任编辑：林佳木　　版式设计：张　晗
责任校对：王　倩　　责任印制：张　策

*

重庆大学出版社出版发行
出版人：陈晓阳
社址：重庆市沙坪坝区大学城西路21号
邮编：401331
电话：（023）88617190　88617185（中小学）
传真：（023）88617186　88617166
网址：http://www.cqup.com.cn
邮箱：fxk@cqup.com.cn（营销中心）
全国新华书店经销
重庆市国丰印务有限责任公司印刷

*

开本：890mm×1240mm　1/32　印张：5.875　字数：128千　插页：12开1页
2020年1月第1版　2024年11月第3次印刷
ISBN 978-7-5689-1545-8　定价：30.00元

作者简介

赵联飞

社会学博士，中国社会科学院研究员，社会学研究所社会调查与方法研究室副主任，2011—2019年任《青年研究》副主编。主要的研究兴趣包括社会学研究方法、互联网与社会、青年研究和港澳研究，著有《现代性与虚拟社区》（2012）、《澳门中产阶层现状探索》（2019，合著）、《网络参与的代际差异》（2020）。

前　言

一

　　自学术期刊出现以来，发表学术论文成为学术交流的基本方式，同时也发挥着维系学术共同体的重要功能。近代以来，学术研究日益褪去了曾有的志趣色彩，学术研究日趋职业化在全球社会中成为不争的事实。因此，发表学术论文对学者个人职业生涯以及学术交流的影响越来越重要。

　　自 20 世纪末中国启动教育制度改革以来，大学教育和研究生教育的规模快速扩大，由此带来的一个明显后果是高校之间的竞争加剧，学科排名成为各高校竞相追逐的对象。同时，教育管理部门在考核教育科研机构时又往往将学术论文发表情况作为一项重要指标，各个教育科研机构因此不得不将任务分解下派，形成了压力层层传导机制，最终的结果是，高校和科研机构对教学科研人员甚至在校研究生的论文发表都提出了明确的数量要求。但与此同时，学术期刊的总量却并没有发生大的变化，这使得学术论文发表的竞争激烈程度大幅度增加。在这种情况下，"论文发表难"已成了高校教师及科研工作者共同的感叹。

然而，在作者们感叹论文发表难的同时，学术期刊的编辑们感叹的往往是"好稿件少"。作为一名学术期刊编辑，我感觉近年来期刊投稿在论文的规范性方面改善很多，但能够真正抓准问题、分析到位的文章却不多见，选题重复、分析论证不够深入等问题在学术期刊稿件中普遍存在。这种情况实际上给学术期刊编辑部带来很大的压力和挑战，为了保证刊发文章的质量，编辑人员往往不得不反复让作者修改文章，以保证稿件达到或者相对接近发表标准。

我认为，出现上述情况的根本原因在于社会科学在中国的发展历程较短。在中国，以法学、社会学、政治学等学科为代表的社会科学是在 20 世纪 80 年代之后才恢复重建起来的，在短短 40 年中要使学科发展水平达到令人满意的程度实际上是一件很难的事情。而学术论文发表是整个学术体系发展演进中的一个部分，受到学科整体发展水平的制约和影响。

如何在当前环境下解决学术论文发表中的种种问题？对此，我有一个基本的理念，那就是编辑部要坚持学术期刊的学术定位，研究者要恪守学术研究准则，遵循学术研究规律，通过提高研究水平来实现论文发表并促进学科发展，这对于学者、学术期刊和整个学术界来说才是正途。基于这一理念，我结合近年来从事研究和编辑工作的一些感受，写了这样一本小册子。

二

实际上，国内已经有不少关于论文写作和发表的专著和论述。好几年以前，北京大学的张静教授就出版了一本关于本科毕业生论文写作指导的书籍；更早的时候，重庆大学出版社开始出版颇有影响的万卷方法丛书系列，丛书主旨便是学术研究方法和论文写作指导，我在为研究生的研究方法课程备课时，还曾将其中一本列为教学辅导书。在2016年以后，国内学者王雨磊教授开始以微信公众号的形式推出关于研究写作的系列文章，香港中文大学的李连江教授也出版了《不发表，就出局》，讨论学术论文的投稿和发表问题。在决定写这本小册子之前，我对上述书籍早有耳闻，但说实话，除了偶尔在微信中浏览到零星文字，并未来得及系统学习。在决定写作这本小册子之后，我购来上述书籍，同时，重庆大学出版社也推荐给我另外几本与这本小册子主题相关的书籍，供我参考。好在张静、李连江、王雨磊三位教授的著作都平实流畅，我能够在较短时间内通读；重庆大学出版社推荐的另外几本书籍所讲的内容，我在以前的学习和工作经历中也有所接触，因此也不太费力。完成了这些阅读工作之后，我开始构思这本小册子的结构和写作思路。经过一段时间的考虑，我决定从以下四个方面来回应本书题目。

第一个方面是学术期刊选稿的原则，这部分主要是讲学术研究以及学术期刊的本质特征，从而为全书奠定论述的根基。我认为，将这一点放在根基的地位上是毫不过分的，后面将要讨论的如何实现在期刊上发表论文实际上是表面的东西，如果不回到这个根基，那么很多问题就找不到终极的解决办法，并且，期刊编辑工作的流程和标准实际上也是建立在这个根基之上的。

第二个方面是编辑部的工作流程。尽管每个编辑部的工作流程因为组织、人力资源等多种因素可能有所不同，但据我本人对学界的了解，这个工作流程大同小异。讲解这个流程涉及投稿的规则和技巧以及作者如何与编辑部沟通等问题，其目的在于让作者知道，自己的稿件投到编辑部以后要经过哪些处理流程，同时自己在这个过程中要做哪些工作。

第三个方面是选题和研究设计的建议。不夸张地讲，一半以上的投稿是因为选题和研究设计存在问题而丧失发表机会。选题和研究设计涉及学术研究的两个关键问题，即一项研究是否值得研究，以及是否按同行认可的标准开展了研究。所谓选题，指的就是提出一个什么样的问题，这个问题有没有研究价值；而研究设计则反映了一项研究的开展是否符合学术共同体的规范，是否达到同行公认的研究水平。选题和研究设计与所谓的论文发表技巧无关，主要取决于作者认识问题的水平、理论和方法素养的高低及文章的写作水平。论文能否得到发表，其决定权主要是在编辑部，这体现了编辑部学术把关人的角色。而在这个过程中，论文的选题及文章中反映出来的研究设计是两个重要的考量因素。这本小册子特别强调这两个问题，原因在于选题和研究设计直接涉及知识的累积和学科发展，从这两个方面入手才能正本清源，改变那种认为仅仅通过提升写作水平和投稿技巧就能够实现论文发表的想法。

第四个方面则是研究写作建议和案例分析。尽管光靠提升写作水平并不能保证论文发表出来，但好的写作有利于发表是千真万确的。一方面，编者和读者都希望看到表达清晰流畅、阅读起来津津有味的文章，因此，语言文字水平自然是编辑部评判一篇投稿时必须要考虑的标准之一。另一方面，语言是思维的物质外壳，有些写作让人觉得还不够成熟，不仅是作者驾驭文字的能力有所欠缺，更重要的是它反映了作者头脑中对问题的认知还没有达到相应的水平。概念是否清楚、逻辑是否清晰，统统都会反映到论文的写作上，从这一点来说，写作实际上在很大程度上也反映了研究者的学术水平。

三

无疑，要把上面提到的四个方面都讲清楚不是一件容易的事情。在和重庆大学出版社编辑的前期讨论中，我们的一个共同看法是，与其说这是一本介绍论文发表的小册子，不如说这是一本讨论如何更好地做好研究的探讨性读物。但是，与大家通常见到的关于研究方法的教材或者专著不同，这本小册子并没有致力于提出一套完整的知识框架，而是采取齐美尔在探讨理论时所采取的一种做法，即从一些具体的问题入手，围绕这个问题进行相关理论或知识点的阐述，从而传达本书作者的理解和看法。基于这一取向，这本小册子在具体的问题讨论以及行文的表述上也作了相应安排。

就具体的讨论问题而言，我选取的是一些投稿者最常碰到的问题，而不是把本书主题下所有应涉猎的题目都纳入讨论。这样做的好处是能够"聚焦"，但缺点是知识的体系性受到损害。不过，坦率地讲，我本人也不是对所有的问题都有深入的研究或感受，选择那些相对熟悉、有心得和体会的题目来进行探讨，对我来说可能更为得心应手，所讲的东西可能对读者也更可靠、更有帮助。另外，我在选择题目时仍然是以如何做好研究为观照，因此所选的题目大都和这个主题有关联，关联性弱的问题会暂时忽略。比如说，在研究设计里面通常会有研究经费的考量问题，这个问题对一个具体的研究设计来说必不可少，但是相对于研究设计是否在学理上提出了"合宜"方案这一点，研究经费处于次要的位置，因此就没有作为一个问题提出来进行讨论。

在行文方面，这本小册子写得比较"松"，有时候风格近乎谈话。这样处理，主要是因为一部分内容来自我在各个大学的讲座报告，因此有一些对话和谈话的影子在里面。不过，我在写作过程中发现，直接用讲座录音整理出来的文字材料还是不能十分准确地表达我的想法，因此我对这些材料进行了加工，只在个别地方直接使用录音整理的文字。对于那些在讲座报告中没有提到的内容，我也尽量采取这种比较"松"的写法，以求全书风格一致。对于这种写法，我自己的判断是，可能它能够照顾到尽可能多的读者，基础好、水平高的读者可以快速浏览，基础差一点的读者也不至于费劲。这当然只是我个人的想法，如果达不到这种效果，那就只能说自己实际上是在偷懒。

以上算是我对这本小册子相关问题的一个简单交代。总的来说，我的初衷是希望这本小册子对初学者做研究和发表文章有所帮助，但由于作者学识水平有限，可能很多问题还没有讲深讲透，甚至有的地方可能还讲得不对，欢迎大家提出批评意见。

目
录

引子 /1

_____1

学术期刊的选稿原则 /5

1.1　学术期刊起源回顾 /5

1.2　学术传承创新是期刊选稿的首要原则 /8

1.3　学术传承创新的四种常见样态 /15

1.4　遵循学术规范是期刊选稿的基本要求 /26

_____2

学术期刊编辑部的工作流程 /41

2.1　编辑部工作概述 /42

2.2　如何提高初选通过几率 /45

2.3　如何跟责编打交道？ /54

2.4　揭开匿审的面纱 /59

2.5　了解二审和终审 /69

___3

选题和研究设计的建议 /73

3.1　正本清源：发表只是研究的延续 /73

3.2　发现空白：从现象到问题 /74

3.3　研究设计中的常见问题举例 /98

___4

写作案例分析及建议 /115

4.1　文献综述三原则 /115

4.2　材料要精当，用好有限的期刊篇幅 /130

4.3　论证逻辑严密，免于严厉匿名审稿人的手起刀落 /140

4.4　文字表述要规范，免于编辑因畏惧改稿而放弃 /146

4.5　善用图表，把抽象的事情合理直观化 /157

参考文献 /163

后记 /167

引 子

　　作为一名学术期刊编辑，我在不同的场合经常被问到一些关于学术论文发表的问题。尽管这些问题的表述方式不同，或者说问法不同，但归纳起来，最常见的问题大致如下。

　　你们期刊倾向于发什么样的文章？

　　你们喜欢量化研究文章还是质性研究文章？

　　你们是否看重文章的基金项目？

　　你们是否看重作者所在机构的名气？

　　你们对作者的职称和学历是否有要求？

　　你们发文的周期一般是多长？

　　……

　　作为一名学术期刊编辑，我十分理解提出这些问题的人员。在当前的学术考核体系下，国内的研究和教学人员均面临着巨大压力，一些机构将个人的经济收益、职称评定等事宜与论文发表挂钩，一些机构实行"非升即走"的考核制度，从而使得论文发表成为悬挂在教学科研人员头上的达摩克利斯之剑。与此同时，社科类专业的博士点数量不断增加，大多数学校要求博士生必须完成若干数量的核心期刊论文发表任务才能毕业或者拿到学位，在学术期刊总刊文量有限的情况下，这加剧了学术论文发表竞争的激烈程度。

就上面提到的这些问题来说，有些很好回答。例如，我通常告诉他们，"我们对量化研究文章和质性研究文章没有偏好""我们不是特别看重文章的基金项目""我们不看重作者所在单位，对作者的职称和学历也没有特别要求"。但有的问题则很难用一句话来回答。例如，"你们倾向于发什么样的文章？"这个问题如果一定要用一句话来回答，那只能说"我们倾向于发好文章"。可什么是好文章呢？这又是一个难以用一句话来回答的问题。

实际上，这个问题有时候我们自己也在问自己。我们究竟希望发什么样的文章？想来想去，其实终极的标准只有一个，那就是看这篇文章是否有学术价值。所谓有学术价值，也就是看文章是否对学术知识体系有贡献。也就是说，一篇文章是否有价值，要看它在既有的学术知识体系基础上，是否提供了新的知识，通常这些知识表现为新的见解、新的方法或新的证据。而如果一篇论文所研究的内容在其他研究者那里已经讨论过了，那么这篇文章的价值就会大打折扣。

　　我这个关于论文学术价值的观点，应该是一个学术发表标准的"理想型"。也就是说，在理论上，学术期刊发表论文应该遵循这样的准则。但现实中的情况并不完全是这样。可能有人会说，有些文章并没有贡献新知识，但也发表出来了；甚至有人会说，有些期刊交版面费就可以发表。我承认，这些都是现实中存在的，但我们并不能因为存在这些现象而否定学术论文发表的"理想型"本身，如果我们根据这些与论文发表"理想型"相去甚远的现象来理解学术论文发表的本质，那么我们可能会在不知不觉中忽视期刊对学术性的要求，同时放弃自身对学术创新的追求。并且，如果大多数人都接受这样的理解，那么学术期刊乃至整个学术体系也就处于岌岌可危的状况。

1
学术期刊的选稿原则

要达至对事物的深刻认识，往往要追溯事物的发展历史。对学术期刊的选稿原则来说也是如此。学术期刊的发展历史表明，学术期刊是同行交流的平台，是传播知识的载体，是累积知识的空间，并且随着学术研究的发展，学术专业性日益增强，由此决定了学术期刊在选稿时所遵循的两大原则：一是学术传承和创新，二是学术研究的规范性。

1.1　学术期刊起源回顾

本质上来说，学术期刊是学者交流学术发现和学术研究动态的平台。学术期刊是出版与特定学科有关的学术作品的刊物，其雏形大约出现在 17 世纪中叶的欧洲。据考证，1663 年，法国人奥德·马扎尔（Eudes de Mazerai）提出"让人们以公共话语的方式知道正在发生什么"，并设想出版一份名为《文学概论》（*littéraire général*）的刊物来实现这一目标，但实际上这份刊物从未出版。法国议院参事戴·萨罗律师（Denis de Salo）采纳了马扎尔的想法，从路易十四国王那里获得特许，使用希乌维尔先生（Sieur de Hédouville）的化名授权让·库松（Jean Cusson）创办了世界上第一份期刊《学者杂志》（*Journal des sçavans*），该杂志在 1665 年 1 月出版。该期刊提出了四个主要目的：一是对欧洲最新出版的书籍进行评论；二是发布名人的讣告；三是报告艺术和科学领域内的最新发现；四是刊登世俗和基督教法庭的诉讼和判词。此外还报告法国国内及国外大学的动态。但由于《学者杂志》内容冒犯权威，遭到宗教抵制，出版 3 个月后即被查禁。

另一本早期的学术期刊是英国皇家学会（The Royal Society）于 1665 年出版的《哲学汇刊》（*Philosophical Transactions of the Royal Society*），按照该刊物的第一任编辑亨利·奥尔登堡（Henry Oldenburg）的说法，学术期刊的目的是为研究人员提供一个场所，让他们相互交流知识，并为自然科学知识的发展做出自己的贡献，从而完善哲学、艺术和科学。在《哲学汇刊》早期刊登的内容中，有一部分是学者之间的通信，这些通信的主要内容就是他们对有关学术问题的看法。

在这两本期刊创立以后，学术期刊在欧洲得到了迅速发展。到 18 世纪末，整个欧洲差不多有 500 种学术期刊，涵盖了多个学科领域。这些期刊大多数位于德国、法国和英国，期刊的集中情况也从一个侧面反映了这三个国家当时在科技、经济发展方面的领先优势。

以上是对学术期刊起源的一个简单回顾。其主要目的在于指出，学术期刊的作用从一开始就是为同行提供学术研究交流的空间。当然，这种交流本身也有一个发展过程，早年的学术交流情形和现在有很大的不同。美国历史学家梅林达·鲍德温（Melinda Baldwin）曾对《自然》（Nature）这一世界顶级科学杂志进行了历史分析，他指出，"如果现代的读者拿起一本 19 世纪的《自然》杂志，那么他会对其中的内容非常熟悉——学术论文、书籍评论、致编者的信，以及众多的图片和图表。如果读者藏有 1875 年、1905 年、1955 年的《自然》杂志，那么他就会发现这些时期的科学界与我们现在所了解的科学界有着很大的区别。2015 年，如果一名所谓专家的专长仅仅是建立在阅读其他研究者关于珊瑚礁和太阳现象的基础上，那么没有任何科学研究者愿意与他进行严肃的学术讨论——但是在 19 世纪，科学界对所谓的'门外汉'和'专家'的界限，并不像今天那么清晰"（鲍德温，2018）。鲍德温的这段话表明了一点，那就是随着科学研究体系的演进，学术研究已经成为一项专业性很强的工作，学术论文的发表也不再像 19 世纪那样随意，而是必须遵循严格的学术规范。

1.2　学术传承创新是期刊选稿的首要原则

1.2.1　学术创新是传承基础上的创新

本书开篇已经提到，判断学术论文好坏的根本标准是看论文有无创新。其实，我认为更为准确的表述是"传承创新"——唯有在传承基础上做出的创新才是对学术体系发展最有价值的创新。这句话是什么意思呢？就是说，作为一项创新的成果，通常不是在本领域既有的研究成果之外创立一套全新的理论和话语，而是要保持和既有学术体系的对话，这样的创新对学术知识体系的演进才有帮助。也正是这个原因，**学术传承创新**成为学术期刊在选稿中所遵循的**首要原则**。

我作为编辑，经常会碰到这样的来稿，作者对一个问题提出了全新的见解，使用了很多既有的学术传统之外的新术语，提出了很多新命题，但对这些术语和命题与既有学术传统之间的关系很少讨论甚至不加任何讨论，并且往往没有文献综述。这样的文章通常很难通过评审。在我看来，用这样的方式来累积新的学术知识不是上上之选，即便是文章自身言之成理，但就整个学术体系来说，这样很容易形成"有积无累"的情况。我通常称这种现象为"传承不足，'创新'有余"。

学术体系之所以成为"体系"，是因为其中的知识有着内在的联系。如果一篇文章不能够说清楚自身的发现和这个体系的关系，实际上就没有很好地传承知识。科学发展史上的许多案例都表明了传承在学术研究中的作用。例如，英国物理学家牛顿是力学的奠基人，他提出的万有引力定律奠定了现代力学的基础，这一定律却是建立在开普勒的三大行星定律基础之上的，而万有引力定律又可以进一步地被爱因斯坦提出的广义相对论所解释，从这中间可以清楚地看到知识的传承和创新。社会科学同样如此。举例来说，在关于教育不平等的研究中，西方的研究者提出过一个著名的假设，那就是"最大化维持不平等"（Maximally Maintained Inequality，MMI，参见 Raftery & Hout, 1993）。这个假设的核心意思是，教育扩张反映的是人口的增长及其构成变化所导致的需求变化，如果扩张快于需求的增长，全体的升学率都会增长，但教育不平等程度不会改变，只有在优势群体的教育达到饱和的情况下，劣势群体才有可能接受到优势群体享受的教育，从而导致教育不平等程度下降。这个假设一提出来就引起了教育社会学研究者的关注。后来人们发现，MMI 没有考虑教育资源的差异性，因此，有学者进一步提出了"有效维持不平等"（Effectively Maintained Inequality, EMI）模式（Lucas, 2001），认为优势群体会努力寻求优势，如果量上的差别大就寻求量上的优势，如果质上的差别大就寻求质上的优势，从而有效维持优势群体的地位。此后，人们又根据理性选择理论针对一些国家的情况提出了新的解释（Ballarino et al., 2009；De Graaf et al., 2000）。从 MMI 假设的这一演进过程可以看到，社会科学知识的创新总是在前人已有研究基础之上不断展开的。

1.2.2　学术创新的挑战：金矿、银矿和铜矿时代

学术传承创新，这话好说，但做起来确实很难，为什么呢？当前的学术研究创新面临很多挑战。杨振宁教授跟清华做物理学研究的同行交流说，你们现在很难，为什么呢？是因为时代不一样了。他说，我当时的时代叫金矿时代，后面的叫银矿时代，你们现在已经是铜矿时代了。就是说，我那时候随便一挖，可能就出来一个东西，就是成果，到你们这个时候，学科范式日益固定下来，学术的空白、空隙日益被填补，能够留给人们的新空间很少了。杨振宁教授讲的是自然科学，实际上，社会科学也有类似的情况。

我曾经遇到的一件事就很有代表性。有两篇文章几乎同时投稿到《青年研究》，一篇文章的作者是香港科技大学的博士生，另外一篇的作者是中国人民大学的博士生。两篇文章的标题就差一个字，都是用定量方法，并且都是用 CGSS2003[1] 的数据，研究的问题都是关于家庭，摘要差不多，主要的观点差不多，提出的假设也差不多。我当时怀疑是一个人抄袭另外一个人的论文，或者说两个人曾经在一起合作过，各自写了以后再分别投稿过来的。后来我仔细对比了这两篇文章，觉得真不是这样的。两篇文章的写作风格完全不一样，人大这位作者老用特别长的句子，而香港科大这位作者则基本上用短句子，文章布局也不一样。那为什么

1　中国综合社会调查（Chinese General Social Survey，CGSS）始于 2003 年，是我国最早的全国性、综合性、连续性学术调查项目。目前，CGSS 数据已成为研究中国社会最主要的数据来源，广泛地应用于科研、教学、政府决策之中。有关介绍详见 http://cgss.ruc.edu.cn/。

会出现这种情况呢？我的看法是，这是由社会学里面的量化研究造成的。因为你设计问卷的时候，要写的文章的主题基本上已经定了。问卷设计者在设计量化问卷的时候就已经有了问题，有了假设，他用这个数据来验证这个假设是否成立。所以在研究同一个问题的时候，就很容易出现这种情况。这就比较麻烦。

另外，当前的学术研究体系是一个快速演进的体系。拿社会学来说，我 20 多年前开始接触这个学科，明显感觉到 20 世纪 90 年代的学术演进相对慢一点，那时候学术交流的机会也比较少，但是到了 2000 年以后，学术交流的发展非常快，这就引发了一个问题，就是你可能曾经有一个好的想法，但你当时没有把它写成论文发表出来，等到三年之后你想把它写出来的时候，却发现已经有人发表了相同或者类似的研究论文，这个时候就比较麻烦。如果你碰到一个没有经验的编辑，他一般只会看你的论文本身，如果你的论文没有写错，写得很好，他就发出来了。如果你碰到一个非常有经验的编辑，你这篇论文可能就过不了。有经验的编辑会了解或者会看同类的期刊有没有发表过类似的研究论文，如果已经有了，这个时候你论文的"新"就没有了。如果没有学术创新，你的论文价值基本上就大打折扣。不管你是博士生还是新教师，你写的东西最多就是一个练手的东西，因为你讲的东西别人已经讲过了。

1.2.3 文献在学术创新中的作用

对于学术传承创新，文献是一个重要的要素。文献记载了前人的研究成果和发现，了解本领域内已有研究成果的基本途径就是阅读文献。对于一个研究者来说，如果你都不知道别人做了什么，你怎么知道你自己做的研究是新的呢？你要知道别人做过什么，唯一有效的方法就是大量阅读文献，这是最根本的方法。这里的文献包括专著、期刊论文、会议论文等。当然，你还可以看文献综述，或者你去听一些讲座，也能得到一些新的东西，但文献阅读是最基本的途径。我这里讲的学术知识传承，重点是放在新知识和已有知识体系之间的关系上，并且相对地把讨论重点集中在著作和论文上。

对于一名研究者来说，了解本领域的研究传统、学科的前沿问题以及同行的研究动态是一个持续于整个职业生涯的过程。即便一名研究者已经功成名就，他也需要持续不断地阅读文献，了解研究的发展动态，而这也正是创立学术期刊的初衷。

对于典型的研究者生涯来说，文献积累大约可以分为两个阶段：一个是研究生阶段，一个是研究生毕业之后。

在现代学术人才的培养体系下，研究生阶段的学术训练十分重要。通过这个阶段的学习，研究生可以了解到所关心领域内的研究传统、相关的理论和方法以及研究前沿，从而完成职业学术研究工作的基本准备。在这些准备中，文献积累是一个非常重要的方面。对很多研究者来说，许多重要文献的阅读积累都是在研究生期间完成的，因为研究生毕业之后，大部分人都很难再拿出大块时间来有计划地积累文献知识，更多的是"按需阅读"，即需要用到什么样的文献，才会去找相关文献来了解，并且，这个阶段读文献的方式也和研究生阶段有所差别，往往是泛读和挑重点去读，一般很少精读文献。而在研究生阶段，读文献的方式则既包括了泛读，也包括了精读，并且阅读的范围相对也更广泛。

这里提一个貌似题外的话题，就是前些年很多高校和研究机构在招聘人员时都注明"海外留学人员优先"，这一度引起争议。海外留学回来的博士是否一定比国内毕业的博士更优秀？这个问题先存而不论。我主要从文献积累的角度来说说本土博士和留学博士的差别。从我在海外的观察以及跟留学回来的研究人员交流来看，国内博士生和国外博士生比起来，在掌握文献方面有比较明显的差距。国外的研究生在修课过程中要阅读大量文献，往往为了一个主题，要去阅读数十篇论文，这样累积下来，到获得博士学位的时候完成的阅读量便非常可观。反观国内的研究生，阅读文献的要求相对较低。我的印象中，在过去相当长的一段时间内，国内社会科学专业的博士读起来还是比较轻松的，既不像理工科学生要整天泡在实验室里面，也不像文史哲等人文学科的学生对典籍有比较明确的要求和强调。但这种轻松实际上是不正常的。

我认为，在研究生（按国内的体制，尤其是博士研究生）选课阶段，每一门课程起码要保证阅读 50 篇以上的论文和 10 本以上的专著才称得上对这个领域有起码的了解；在不选课的阶段，起码每周保持 3 篇以上的重要文献阅读，每月要保证 1 本重要专著的阅读。按照这样的要求来积累阅读量，基本上在博士毕业的时候能够保证自己对 500 篇以上的论文和 100 部左右的专著的内容有比较清楚的了解，同时对另外 500 篇论文和另外 100 本专著有大致了解。一个博士生对你所关注的研究领域里面最重要的 200 篇左右的文献，应该一闭上眼睛就能够想起来，这些往往也是需要精读的文献，而比较重要的 500 篇左右的文献也要很熟悉。这些文献一旦积淀下来，学科传统基本上就在研究者的脑海里生根了。有了这个基础，在思考问题和写文章的时候就会相对轻松很多。古人说，读书破万卷，下笔如有神，这其实是在讲文献积累对写文章的作用。有一个笑话讲，古代一个秀才写文章愁眉苦脸，半天写不出几个字，他妻子问他，难道你们写文章比我们女人生孩子还难吗？秀才回答说，当然了，因为你们肚子里有货，我们肚子里没有货。这当然是笑话。这里所说的"货"不仅仅是指文献，也包括思想、观念和见解，但是从这里可以看出文献积累的作用。

对于毕业之后从事研究工作的人员来说，积累文献也是必不可少的功课，但这个过程和研究生阶段有差别。有了研究生阶段的功底，研究人员在文献方面的主要任务是跟踪学科和研究领域的发展，通常可以采取阅读最新的期刊、参加专业会议、与其他研究人员交流的方式来积累。当然，有时候也需要对一些经典文献进行再次阅读，从而达至更深的理解，这也是有时候在期刊上会看到"重读《×××》"这类文章的原因。

1.3　学术传承创新的四种常见样态

学术传承创新可以有多种表现形式。粗略地说，凡是跟已有研究相比，有新的观点和内容的研究结果均可以认为是学术创新。一项研究成果，通常要么是发展了理论、提出了新的观点，要么是改进了研究方法，要么是提供了新的证据。这里我想讲一下学术传承创新的四种常见样态。从目前学术期刊刊发的论文来看，绝大部分都可以归为这四种样态中的一种，个别的研究有时也会兼具一种以上的样态，例如有的文章在提出或应用新方法的同时也发展了理论。

1.3.1　发展新的理论

理论问题是学术研究的核心，任何一个学科体系都是以一定的理论体系为基础的。人们对社会的认识总是从具体到抽象，理论就是抽象的结果。社会学有社会学的理论，政治学有政治学的理论，心理学等学科也都有自己的理论。不同学科的学者都在致力于寻求理论的发展，从而建立起学科的理论大厦。

对理论的发展可以在不同层面上进行。有的研究是直接针对理论本身，比如说美国结构功能学派的社会学家帕森斯（Talcott Parsons）提出的AGIL社会变迁理论，法国的社会学家布迪厄（Pierre Bourdieu）提出的阶层再生产理论，都是直接在纯理论的层面进行理论发展。有的研究则是在实证层面开展具体的研究，也即如美国社会学家墨顿（Robert C.Merton）提出的中程理论（middle-range theory）所强调的那样，在经验材料的支撑下对社会展开研究。在这些运用经验材料进行支持的研究中，题目也有大小之分。有的题目相对宏大，例如，研究家庭背景对个体教育获得的影响；有的题目相对细微和具体，例如，研究微信社交平台上个人形象的建立。这些研究是通过一些具体问题的分析来累积知识，从而促进理论发展。

从一项研究和理论传统的关系来说，要么是批评既有的理论传统，要么是补充完善既有的理论解释，要么是为既有的理论传统提供新的证据。关于提供新的证据这一点，我把它专门列为一类去进行阐释，这里主要讲理论的批评和理论的补充完善。

直接对理论传统进行批评的最好例子莫过于社会学家在20世纪60年代对帕森斯结构功能主义的评判。20世纪40年代中期以后，以帕森斯为代表的结构功能主义在西方社会学界占有主导地位，这一理论传统强调社会成员共同持有的价值取向对于维系社会整合、稳定社会秩序的作用，将冲突视作健康社会的"病态"，并努力寻求消除冲突的机制，这实际上是对"二战"后社会发展历程的一种解读。20世纪50年代中后期，随着第二次世界大战后短暂稳定的消退和冲突现象的普遍增长，以科塞（Lewis Coser）、达伦道夫（Ralf Dahrendorf）为代表的社会学家对帕森斯的理论提出了批评，认为结构功能主义忽视了冲突的不可避免性及其作用，他们吸取古典社会学家，特别是马克思（Karl Marx）、韦伯（Max Weber）、齐美尔（Georg Simmel）等人有关冲突的思想，批评和修正了结构功能主义的片面性，并逐渐形成社会学中的冲突理论流派。

补充和完善理论的情形在社会科学的具体问题研究中更为常见。我这里举两个例子。

第一个例子是英克尔斯（Alex Inkeles）的个人现代性理论。从 20 世纪五六十年代开始，陆续有研究者以量表为手段进行现代性研究的测试，探讨现代社会制度对人的影响。英克尔斯等人在 1960 年代主持进行了著名的"经济发展的社会和文化因素研究计划"。这一计划的目的，如英克尔斯自己所言，就是"解释人们从传统人格转变为现代人格的过程"。在这个研究中，英克尔斯通过对全球范围内六个不同文化背景的国家和地区的人群进行量表测试，探讨制度环境对个人特征变迁的影响，指出个人心理现代性在世界范围内具有相似性。这里非常重要的一点是，在英克尔斯的研究里面，个人的现代性是和个人的传统性对立的。英克尔斯等人的研究发表之后，学界对于个人的现代性与传统性之间关系的争论较多。学者杨国枢在对台湾地区研究的基础上指出，英克尔斯的现代性量表并不完全适用于中国，并认为对个人现代性的研究应该在四个方面进行改变：一是从"对立"到"分离"，即传统性和现代性可能不是一个连续体的两极，而可能是各自独立的变量；二是从单向度到多向度，即传统性和现代性可能不是单维变量，而可能是多维变量；三是从"单范畴"到"多范畴"，即现代性和传统性可能在不同生活范围中是不同的，应在不同生活范围中加以测量；四是从"普同性"到"本土性"，即现代性和传统性研究的重心可能应是本土性的，而不是普适性的。

　　第二个例子是有关互联网与网络社交关系的研究。互联网和社会关系的研究自互联网诞生以来一直广受关注，除了有像卡斯特（Manuel Castells）的网络三部曲《信息时代：经济、社会和文化》这样对互联网与社会发展关系进行讨论的鸿篇巨著，还有大量的局部或者细微事实的研究。例如，就互联网与社交网络的关系来说，早期的互联网研究者威尔曼（Wellman，1999）认为互联网就像电话一样，帮助人们跨越距离的障碍，从而起到维持社会交往的作用，由此开创了关于互联网与社会交往的研究议题。此后，关于互联网对人们的社会交往影响的研究一直继续下来。克劳特等（Kraut et al.,1998）曾经认为人们在互联网上的活动越多，在现实社会中的交往网络将会越弱，即互联网使人们日益变得孤独。但弗兰岑（Franzen，2000）则运用欧洲网民的数据来回答"互联网是否使我们变得孤独"这一问题。他的发现是，互联网上的活动一方面减少人们在经济活动方面的接触，同时互联网活动会影响人们的时间安排，从而有可能削减人们的社会关系网络规模；但另一方面，由于基于互联网的交往具有低成本、高效率的特点，这又使得人们很容易扩大社会网络。弗兰岑认为互联网交往并没有削弱人们的现实社会网络，并指出克劳特等人的研究将不具备交往目的的信息搜寻等活动与具有交往目的的网络沟通混为一谈，从而得出了互联网交往削弱人们的现实社会网络这一不恰当的结论。这是一个经典理论完善的例子。当然，理论批评和理论补充完善之间的区分有时候是相对而言的。就克劳特和弗兰岑的这个例子来说，弗兰岑（Frazen,2000）的研究对克兰特等（Kraut et al.,1998）的研究算是一个批评，但对互联网与社会交往这个理论传统来说，却是一个补充和完善。

1.3.2 提出、引介新的方法

方法在学科体系里面具有重要的地位。一般来说，方法有方法论、研究方法以及具体的方法技术三个层次。相对来说，一个学科的方法论和研究方法是相对稳定的，而具体的方法和技术则处于不断的改进和发展之中。例如，在社会学中，从 19 世纪末 20 世纪初就确定了自己的方法论传统，那就是以孔德（Auguste Comte）为代表的实证主义方法论、以狄尔泰（Wilhelm Dilthey）为代表的人文学派方法论及以韦伯（Max Weber）为代表的理解社会学，这三种方法论贯穿在社会学的整个发展历程之中，一直延续到现在，基本上没有大的变动。而在整个社会科学中，以实地研究、实验研究、统计调查研究及间接研究（包括历史比较研究和文献研究）的研究方法基本上也长期保持了稳定。但是在具体的研究方法和技术上，则不断有发展，比如说，在心理学的实验研究中，实验设计的方式经历了前测、后测、拉丁方格设计等发展历程；在文献研究中，经历了从早期内容分析中的主题词频次分析，到后来计算机辅助下的大规模质性数据分析，这些都是具体方法和技术的进步，反映了研究方法创新的历史。

以下我以稀少群体（rare population）抽样这个问题为例来讨

论这一类的创新活动。

稀少群体是指那些在总体中发生比例极低（通常低于 5%）的事件或者占比极低的群体。这些事件和群体可以用单一的特征来加以界定，例如，某个区域内人口中的艾滋病患者。也可以用多个特征来联合界定，例如，某个城市中的失业退伍军人；或者在某些多种族国家中，母亲为黑人的且父母离异的 10 岁以下辍学儿童。这些稀少群体不仅数量较少，而且在调查中很难找到他们，甄别样本的成本非常高，从而使得开展相关调查研究变得十分困难。同时，出于各种原因，这些人口往往隐匿自己的身份，有时候也把他们称为隐匿群体（hidden population）。

在统计研究历史上，对稀少群体的关注至少可以回溯到费雪尔（Fish, 1965）、埃里克森等（Ericson et al., 1965）所开展的研究，但对稀少群体抽样的具体方法研究则是 20 世纪 70 年代以后的事情。早期针对稀少群体抽样的研究主要围绕着如何能够较为经济地获取有代表性的稀少群体样本这一主题。例如，祖德曼（Sudman, 1972）讨论了处理极稀少总体（very rare population）时如何降低总的甄别成本的策略问题。他指出，在一个具有多分层结构的总体中，如果调查具有总费用约束，且层内方差以及单个样本的甄别和调查费用有差别，那么对于每一层最终分配的最优样本数实际上是层内方差、单个样本综合成本以及该层元素占总体元素比例的函数。埃里克森（Ericksen, 1976）用在 126 个初级抽样单位（PSU）中不等比抽取白人和黑人样本这一案例，展示了如何利用专家知识进行分层从而减少样本接触量并降低单位样本的成本。艾略特等（Elliott et. al.，2009）利用红色高棉时代移民至美国的柬埔寨人的抽样案例，来讨论如何利用已有信息对稀少群体的分层结构进行处理，他提出的办法是采取不等概抽样方法分别对不同的层进行抽样，最后通过计算综合设计效应（design effect, DEFF）来实现降低获得单个访谈对象所需接触的样本数量以及与之相关的成本。西蒙斯等（Symons et al.，1983）利用美国北卡罗来纳州的县级新生儿死亡率数据探讨了稀少群体在空间上的聚集性（clustering），并利用这一结果对北卡罗来纳州各县出现突发性婴儿死亡（sudden infant deaths，SIDs）的风险高低进行标定。

上述办法基本上都是在传统的抽样方法框架之内来讨论如何解决稀少群体抽样这个问题。1990年之后，受访者推动的抽样调查（respondent driven sampling, RDS）开始兴起。受访者推动抽样由美国学者道格拉斯·赫克索恩（Douglas Heckthorn）在1997年最先提出，这一调查方式看起来跟社会学研究中的滚雪球抽样调查方法是一样的，但在操作过程中有一套严格而细致的规定。从实际经验看，受访者推动调查具有和统计抽样大致相当的功效，在"滚雪球"滚到五轮、六轮之后，样本统计量会趋于稳定，并且这个结果跟抽样调查基本上是一样的。也就是说，受访者推动抽样在传统的滚雪球抽样方法基础上，引入了社会网络分析的理论和方法，弥补了滚雪球抽样方式下无法推论总体的缺点，从而为人们研究"隐匿人口"提供了一种有效的抽样方法。国内学者赵延东和挪威学者佩德森（Jon Pedersen）合作撰写了题为"受访者推动抽样：研究隐藏人口的方法与实践"的论文，并发表在《社会》2007 年第 2 期上。这实际上是一个引介新方法从而实现论文发表的案例。

1.3.3　提出新的证据

提出新的证据是学术传承创新活动最常见的样态。提出新的证据通常是指在既定的理论传统之下，用新的证据来支撑既有的理论，并不改变既有的理论解释。以下我举两个例子来说明这一类的学术创新。

在民族学和人类学里面，亲属称谓研究是一个重要的领域，也是民族学和人类学中一个独特的研究领域。默多克（George Peter Murdock）将世界上所有的亲属称谓制度归纳为六种基本类型：夏威夷型、爱斯基摩型、苏丹型、易洛魁型、克劳型和奥马哈型。人类学家之所以对亲属称谓紧盯不舍，主要是因为这些称谓是人们生活结构基础的重要反映。血缘和姻缘群体都是基本的社会组织，通过亲属称谓制度，研究者可以了解这些组织正在发生什么样的变化，通过对这些变化进行考察，研究者能够将其和更大范围内的社会变化联系起来，从而建构合理的解释。在这一传统下，许多人类学家到世界各地进行研究，了解总结不同族群的亲属称谓制度。这些研究通常对存在亲属称谓制度这一命题本身不会构成挑战和质疑，更多的是为这一研究领域增加新的证据，丰富其资料。

第二个例子是前面提到的教育不平等研究中的 MMI 假设。这样的一个研究假设在很多国家得到证实。但是这一假设在中国是否成立呢？在过去 20 余年，中国有很多学者对这一理论进行了验证，指出教育的扩张并没有很有效地消除教育不平等，从而引发了很多社会关注。这样的研究有无价值呢？当然也是有的。中国是一个人口大国，又处于改革开放的重要历史时期，中国的教育扩张对教育不平等影响的实践对整个世界来说都是不可忽视的。不过，这种验证色彩十分浓厚的研究和上文提到的亲属称谓研究略有差异，亲属称谓研究的重心本身就在于描述亲属称谓的丰富性和复杂性，而不在于证明有亲属称谓这样一个制度；而针对MMI假设的研究的中心却是验证MMI是否有效，从学理角度来说，如果仅仅用中国的数据验证了 MMI 假设，这只是为 MMI 增加了新的证据，对教育不平等理论发展的帮助是有限的。但要说明的是，在这样的验证过程中，有时候会发现一些和理论不相符合的证据，从而促进理论发展，在这种情况下，提出新证据会和发展理论结合起来。

1.3.4 综合已有研究结果

综合已有研究结果，指的是研究者并非进行某个具体的实质性问题研究，而是将重心放在归纳、综合以及梳理前人的研究成果方面。这一研究通常有两种表现：一种是文献综述，一种是研究活动综述。前者的重心是对实质性问题的研究脉络梳理，后者的重心则是对研究活动外部特征的总结归纳，也有一些研究兼具二者。

　　文献综述是研究工作中的重要一环，不仅在学术论文中必须要有这个部分，而且单独的文献综述往往也非常有价值。写一篇好的研究综述一点不比写一篇好的研究论文容易。要写出上佳的文献综述，不仅要求作者阅读大量的文献，做很多梳理的功课，而且要求作者很好地构思布局，把理论脉络一层一层地展示清楚，这其实是比较难的事情。对学科发展来说，在恰当的时候进行理论综述有利于厘清学术发展的脉络，更重要的是，这项工作对判断学科未来的发展方向十分有帮助。好的文献综述能够帮助人们迅速地了解一个领域在过去的发展情况，对于初次涉猎某个研究领域的作者来说，去阅读该领域内重要的文献综述是上佳的入门手段。当然，阅读文献综述不能代替阅读原著，但通过阅读文献综述至少能知道哪些前人研究成果是不能忽略的。

　　一般来说，专业期刊并不经常刊登文献综述类文章。我认为不刊登的原因主要在于，对每个研究者来说，在从事某个领域研究工作的同时都会进行文献综述，在撰写研究论文的时候也会将文献综述作为论文的一个重要部分，从而使得专门的文献综述难有独立存在的空间。文献综述要视角独特或是涉及一般学者在研究中不会综述到的内容，才有发表的可能。我这里举一个例子。美国学者拉夫特里（Adrian E. Raftery）在 2001 年撰写了一篇关于社会统计学的文献综述论文，发表在《社会学方法》（*Sociological Methodology*）上。在这篇文章里，拉夫特里将统计学方法在社会学中的应用历史分为三个层叠的时期。第一代统计方法起源于 20 世纪 40 年代晚期，研究者主要运用交互表 (cross-tabulations) 的方法，同时发展了关联测量 (measures of association) 和对数线性模型 (log-linear models)，这也是社会学对统计学贡献最大的一个领域。第二代统计方法则出现于 20 世纪 60 年代，这一时期的研究者主要面对的是个体层面的调查数据，他们将注意力集中在具有线性结构关系（LISREL）的因果模型和事件史分析 (event history analysis) 上。第三代统计方法出现在 20 世纪 80 年代晚期，研究者所处理的数据已经不能简单地归入上文所述的任何一个范畴。一方面是因为这些数据都具有与众不同的形式，比如文本和口述；另一方面是因为在与空间和社会网的数据联系时，关联性已经成为一个至关重要的方面。对于从事社会学方法研究的人来说，这篇研究文献十分重要，因为它勾勒了社会统计学在 20 世纪 50 年代以来的发展脉络，并且指出了未来的发展方向以及需要重点考虑的影响因素，在其他实证性研究的文献综述中，一般只是对自己所用到的方法和模型进行介绍，极少有人像拉夫特里这样专门来综述方法的发展历程，这是这篇文章能够发表的主要原因。

另一类综述文章则是对研究活动进行综述。这方面的文章主要是对某个领域或学科的发展进行综述。例如，目前的各个学科年鉴每年都会对本学科的发展状况进行综述，记载重要事件。还有的综述文章则会对一段时间以来某个主题的研究状况进行综述。例如，南京大学的风笑天教授长期跟踪青年研究和社会学方法研究，2012 年的时候，他在《青年研究》上发表了一篇题为"三十年来我国青年研究的对象、主题与方法——对四种青年期刊 2408 篇论文的内容分析"的文章，文章采用内容分析的方法，

对 1982—2011 这三十年国内最具代表性的四种青年刊物中的 2408
篇经验研究论文进行了统计分析，并指出：在研究对象上，大学
生和青少年所占比重最大，而各类在职青年所占的比例都比较小；
在研究主题上，就业与职业、思想观念、教育与成才、失范行为、
婚恋与家庭这五个方面的研究最为集中，其比例达到全部研究的
60%；在研究方法上，调查研究是最主要的研究方式，其比例超
过总体的一半，实地研究的方式相对较少，实验研究的方式则几
乎没有。类似这样的综述文章对研究者了解学科的发展也有一定
帮助。

1.4　遵循学术规范是期刊选稿的基本要求

　　稿件的学术规范性是期刊编辑部评审稿件时考虑的另一个重
要因素。学术规范是科研工作者在长期的研究过程中形成的且共
同遵守的工作标准，它是保证学者之间顺利交流的重要条件，同
时也是学术共同体约束自身行为的基本准则，并且还是保证学术
研究成果具有社会公信力的重要基石。正因为如此，学术规范性
作为科研活动的准则贯穿在整个科研活动过程之中。可以这么说，
无论看起来多么好的文章，只要被发现违反了学术规范，都不会
被发表。

1.4.1 杜绝学术不端

科学精神是学术研究的灵魂，学术研究造假与科学的宗旨是完全背离的。因此，学术期刊当然将杜绝学术造假作为基本的选稿原则。但是很遗憾，自学术诞生开始，学术造假就如影随形。近些年，关于学术造假、论文撤回的新闻报道不绝于耳，这说明当下学术造假的情况不容忽视。中国社会科学院出版的《反腐倡廉蓝皮书（2018）》梳理了近 20 年来国内媒体公开报道的 64 起学术不端典型案例，其中涉及学术假造的既有普通的高校教师，也有知名院校的系主任、院长、副校长乃至校长。[1] 2014 年，《自然》杂志撤回了两篇由日本学者小保方晴子担任第一作者的关于STAP 细胞的文章，结果该学者的两位导师一位退休，另一位则自杀，引起学界震惊。[2]

在学术论文发表的过程中，学术不端的常见情形主要包括：剽窃、抄袭、占有他人研究成果，或者伪造、修改研究数据等。其中，剽窃、抄袭和占有他人研究成果主要涉及的还是研究人员之间的权利关系问题，当然也可以笼统地归结为学术造假，但并不必然影响发表内容的科学性，这种"假"是"假"在研究者和作品之间的关系不真实。而另一种"假"在我看来更危险，那就是对数据和分析过程进行造假来满足论证的需要，结果导致研究结论不可信，前面提到的 STAP 细胞的研究文章就是如此。

1 王京清，孙壮志主编，《反腐倡廉蓝皮书（2018）》，北京：社会文献出版社，2018 年.
2 "日本小保方晴子涉嫌学术造假 导师一个辞职一个自杀"，网易新闻，参见 https://news.163.com/14/0814/09/A3JN3PES00014Q4P_all.html。2019 年 2 月 28 日访问。

　　在社会科学中，造假并不是一件很难的事情，尤其是在实证性的研究中。在理论性的研究中，作者通常只需要两件东西：他人的文献和自己的逻辑，因此，只要编辑足够认真，对文献进行逐一核查，造假就不难被发现。但实证研究不一样，由于实证研究资料（包括实验数据、统计调查资料、访谈资料）一般都在作者手里，大部分期刊又不要求作者提供原始资料，这使得通过资料造假来得到想要的结论成为可能。国内某著名大学曾经发生过这样一件事情，一名学生在毕业论文答辩时，资料的真实性被质疑，老师们的感觉是"不是你的资料做得不好，而是你的资料和理论之间的契合太完美"，因此有老师要求学生出示访谈录音资料，但学生以种种理由拒绝，一会儿说电脑崩溃了，一会儿说资料没有保存好，最后好不容易才找出来一段录音资料。某老师听完后问，你访问的这个对象是哪里人？学生说，四川人。该老师沉默不语，后来该老师在答辩委员会合议的时候说，这个访谈对象的口音一听就是我老家（华北某省）的，哪里是四川人？最后，老师们集体讨论后认定该论文存在造假。

　　在量化研究日益流行的今天，调查数据造假并不罕见。调查数据的造假既可以发生在数据收集阶段，也可以发生在数据清理和分析阶段。

　　就数据收集阶段来说，研究者可以杜撰子虚乌有的调查对象，或由自己或者其他人代填问卷，虚拟出一个个调查对象，从而获得所谓的"调查数据"。还有的时候，研究者本身并不想造假，但不幸的是，他所雇佣的数据收集者（也许是调查公司，也许是自己的学生）在收集数据过程中造假。举个简单的例子，在许多小规模的问卷调查中，调查对象的选取并不是像 CGSS、CFPS[1] 那样有严格的抽样控制，而是采用现场等距抽样，这在入户调查中十分常见。为了保证调查样本的代表性，通常要求这种调查方式下实行"间隔 N 户，抽取一户"的办法来选择被调查的住户，同时在户内还要使用 KISH 表等随机抽样手段来选择最终的被调查对象。这时候，有的访问员为了尽快完成访谈任务，往往随意改变间隔或者改变户内随机抽样过程，其结果往往是样本分布严重有偏。

数据分析阶段，造假的手段也十分多样，有的篡改数据，有的随意删除样本，还有的则不断基于计算结果来调整模型。有一句话是这样说的，"如果你折磨数据的时间足够长，它会招供的"（Pedhazur & Schmelkin, 1991：675），说的就是这种情况。

除了造假之外，"一稿多投"也是值得引起作者高度注意的行为。表面看起来，"一稿多投"并没有损害其他研究者的利益，但"一稿多投"会耗用编辑人员的精力，并可能带来有关版权的法律纠纷。因此，不允许"一稿多投"是期刊编辑部的天条之一。这里跟大家讲一个小故事。2019 年 1 月，南京大学的风笑天教授撰文指出《青年研究》在 2014 年刊登的一篇关于婚姻匹配模式的研究论文存在错误。作为《青年研究》的副主编，我对这件事情

---

1 中国家庭动态跟踪调查（Chinese Family Panel Studies, CFPS）是北京大学中国社会科学调查中心 (ISSS) 实施的一项旨在通过跟踪搜集个体、家庭、社区三个层次的数据，反映中国社会、经济、人口、教育和健康的变迁，为学术研究和政策决策提供数据为目标的重大社会科学项目。有关介绍详见 http://www.isss.pku.edu.cn/。

比较关心，于是到知网上去查询该文，想下载下来看一看。结果不查不知道，一查吓一跳，我发现该文章不仅论证有问题，而且还一稿多投。知网搜索的结果显示，在《青年研究》刊发该文章之前，该文章已经发表在一本人口学的期刊上。由于两本期刊都是双月刊，人口学那一本期刊发表在第 3 期，而《青年研究》发表在同年第 4 期。由于期刊具有审稿周期，如果作者同时向多家期刊投稿，那么即使利用查重系统也无法发现这种行为，只有在发表之后才能被觉察。这里要说的是，尽管我本人十分理解教学科研人员当下在发表文章方面的困难，但我还是想跟大家说，"一稿多投"不可取。通常情况下，"一稿多投"一旦被发现，所投的期刊都会将涉事作者列入黑名单，并规定该作者在若干年内甚至终生不得在该刊发表文章，有的期刊还会将该作者"一稿多投"的事情通报给与自家有合作关系的其他期刊，这样一来，这些期刊也会对该作者敬而远之，由此给作者带来的损失是难以估量的。

1.4.2　遵从学术伦理

社会科学以人和社会为研究对象，这是显著不同于自然科学的地方。不管是心理学、社会学还是政治学，它们的许多研究活动都会涉及人。如果回想一下研究过程，我们就会发现，访谈、统计调查、心理实验等种种研究活动，都与学术伦理有关。美国公众舆论研究学会（AAPOR）曾经从如何对待客户、如何对待公众、如何对待受访者等角度对学术伦理进行了探讨（Groves et al.,2004）。在这些学术伦理要求中，我们耳熟能详的可能是知情同意权、保护受访者隐私等。在学术期刊的审稿过程中，对这些学术伦理遵守情况同样是要考察的。这里略举几个例子来说明。

匿名化是学术研究的基本要求之一。所谓匿名化，指的是不能透露被调查对象的真实身份信息，这是研究者对被访者的承诺，也是对被访者的保护，特别是涉及一些敏感问题时，这一要求就显得更加重要。通常，在期刊论文发表过程中，编辑部要求作者将被访者匿名化，用代号或者化名来指代被访对象。事实上，目前大部分的期刊文章都做到了这一点。但要强调的是，匿名化的目的在于隐匿当事人的真实身份，从而使得读者不知道被访人是谁；为了达到这个目的，有时候仅仅隐匿姓名是不够的。在有一些研究中，作者仅仅对当事人的姓名进行了匿名化，但对行政区划等信息没有做匿名处理，在信息高度发达的今天，这样处理实际上还是存在着漏洞的。比如说，一篇文章讲自己的研究对象是某某县的高考状元，后来到某个部委工作，然后又下海，最终因犯罪锒铛入狱。当这个县的名称没有匿名化时，这个人的身份是很容易被确认的。在这样的情况下，作者就需要进一步对相关信息进行匿名化处理。

保护研究对象不受伤害是社会科学研究中的另一个基本原则（其实，实务工作中也有类似要求，例如，保护不法行为检举人的个人信息）。这里要说的是，在研究中，研究者首先应考虑研究过程是否会给研究对象带来伤害。比如说，研究被性侵青少年的心理状况，需要受害者接受相关测试或者讲述自己的感受，这种情况往往会引起"二次伤害"。如果一位研究者碰巧选择了这样的研究主题，那么，研究伦理问题就必须仔细考虑了。我最近责编了一篇稿件，其主题是讲青年的金融素养，涉及对当事人在遭受金融诈骗、"裸贷"逼债等问题后的想法探究。作者采取的办法是通过第二手数据（资料）去进行分析，并没有直接对当事人进行访谈，主要的考虑就是避免对当事人的"二次伤害"，我认为这种做法是值得赞许的。附带说一句，有时候，很多问题在学理上很值得研究，但是我们要评估研究这些问题将要面对的限制以及开展这样的研究所造成的社会后果，如果限制很多，负面的社会后果很多，那么研究者应该考虑放弃这样的选题。

1.4.3　方法的规范性

研究方法是指系统地获取知识的一整套原则、规范和技能。不言而喻，方法对每个学科都是十分重要的。各个学科在自己的发展历程中都逐渐形成了具有学科特色的方法。学术期刊在选择稿件时，研究者的方法应用是否规范也是重要的考察条件。对于那些方法应用不规范的论文，如果程度较轻且可以纠正（比如，定量分析中的数据描述方法有问题），编辑部或许会给作者修改的机会；但如果不规范程度很严重并且不可纠正（比如，数据收集程序错误、抽样方案不合理、问卷设计有问题、被试对象选择有问题），编辑部通常会直接退稿。

方法应用的规范性同样涉及很多方面。我这里略举几个例子，其中违反方法规范性的情况在目前的期刊论文中比较普遍。

第一个例子是定量数据的描述问题。在社会科学的定量研究中，通常根据测量层次将变量分为四种类型，即定类、定序、定距、定比。这一点大家都比较清楚。在社会学和心理学常见的测量和调查中，往往需要测量个体的满意度或者其他主观评价，所采用的测量工具通常是五点量表（也有四点量表和六点量表），每个选项赋值1—5，由此得到一个定序变量，这一点大家也都比较清楚。到了写论文的时候，需要描述一下样本在某些变量上的分布，这个时候问题就来了。不少的作者去计算上面提到的这类定序变量的平均值和方差，并报告给读者。这实际上是犯了一个低级错误。定序变量和定距变量的差别就在于，定序变量相邻两个取值之间的"距离"并不一定相等，也即，"很不满意"和"比较不满意"之间的"距离"和"比较不满意""一般"之间的"距离"并不一定相等，"满意"和"比较满意"之间的"距离"，"比较满意"和"一般"之间的"距离"也不一定相等。因此，计算样本的满意度均值是没有意义的。正确的做法是描述样本在1—5点上的分布，从而得到满意度分布的印象。

与上述问题相联系的还包括统计建模。在社会学、政治学等学科的定量研究中，往往需要进行统计建模，从而对假设进行验证。实际上，每一类估计模型都有其统计估计原理，并且对变量是有要求的。比如说，常见的最小二乘法回归模型（OLS）的统计原理是最小二乘法，因此，模型要求因变量为连续变量或者近似为连续变量；而对于另一种常见的分析模型 Logistic 回归来说，其统计模型估计的原理是最大似然法，模型要求因变量为 0—1 取值的二分类变量；对于定序变量和有多个取值的定类变量来说，主要是应用序次变量模型或多分类模型。这些模型是不能混用的。前些年，我在审稿中曾经看到过不少作者使用 OLS 回归来对多分类变量进行回归分析。这样做的结果尽管在大多数时候不会改变回归模型中自变量回归系数的符号方向，但得到的回归系数的大小肯定不同于使用多分类模型得到的结果。出现这样的误用表明作者对统计数据分析方法的了解十分欠缺。此外，有的作者还对不同 Logistic 回归模型中的自变量回归系数直接进行大小对比，这也是混淆了 OLS 回归和 Logistic 回归的原理，往往导致错误的结论。关于这一点的详细讨论，可以参见洪岩璧 2015 年发表在《社会》杂志上的文章。

　　量化研究中的方法规范性问题不仅仅只有上述这些，有一些问题涉及了更深层次的问题。比如说，我看过一篇关于农民工的稿件，作者讨论新生代农民工和老一代农民工对城市适应能力的差异，研究的结论是老一代农民工适应能力更强。大家想，这合理不合理呢？我认为不合理。新生代农民工的整体受教育程度更高，又成长在互联网环境下，对城市的友好程度也逐渐在提高，他们的适应能力怎么会低于老一代农民工呢？当然，上述思考只是我们的"头脑实验"。回到文章本身来说，我觉得作者的研究设计中有一个严重的问题，那就是没有考虑到老一代农民工生活在城市中是一个自我选择过程的**结果**。也就是说，不少老一代农民工因为不适应城市，结果回到了农村，留下来的都是适应能力较强的；而新生代农民工刚来到城市，这一选择过程还没有发生或者说发生的程度还不及在老一代农民工中那么高。当在城市中进行抽样调查时，对老一代农民工来说存在着较强的选择性偏误（selection bias），这样抽选出来的老一代农民工并不能很好地代表整个老一代农民工，因此，相应的研究结论就得打一个问号。当然，我没有看到克服了这种选择性偏误的同类研究文章，因此我无法对作者的结论进行评判，但从研究方法来说，这一研究设计是值得商榷的。

不仅仅定量研究有方法不规范的问题，定性研究也有方法不规范的问题。定性研究中经常采取访谈的方法，在访谈对象的选择、访谈程序等很多方面其实有不少很讲究的地方。我这里略举两例。

第一种情况是随意选择访谈对象。我看到有研究互联网问题的文章，在交代自己如何选择访谈对象时，往往是说选择了自己的舍友或同班同学。这种方法好不好呢？这其实值得打一个问号。因为很多时候访谈内容要涉及隐私和深层次的问题，包括一些敏感问题（例如，政治态度、性取向等）。通常来说，这些问题是不愿意向熟悉的人袒露的，因为这中间有个人形象建构和人际关系的问题。相比之下，彼此没有紧密关联的人或许更有可能说出真实的想法，当然前提是研究者要取得被访者的信任。

第二种情况和访谈资料的真实有效性有关。在一些实地研究中，往往需要进行大量的访谈来获取信息，进而根据这些信息进行"拼图"，从而构建完整的图景和逻辑自洽的解释。在这种情形下，找准那些了解情况且坦诚沟通的对象就十分关键。而在实地研究中，介绍研究者进入现场通常需要当地有影响的人或者机构介绍。但研究者应该意识到，介绍者实际上对访谈有着明显的影响。举例来说，研究者到农村做调研，通常村长或者村委会干部是重要的介绍者，他推荐什么样的访谈对象、这些访谈对象如何判断村长的态度和研究者的研究意图都会对访谈产生重要影响。如果村长有和研究者研究意图不一致的考虑，那么很可能故意漏掉一些有价值的访谈者，比如说，村里的"刺头"或者是和村长有矛盾的人，而被选中的人也会按照村长的话以及这些话的弦外之音来决定在访谈中说些什么。研究者是需要意识到这种情况并要想办法去克服的。我的一位同事长期从事农村研究，他选择了河北省一个村作为长期观察点。他告诉我说，前面三四次去调研得到的信息实际上基本没有什么用处，到第五次、第六次去了，人们才开始慢慢说一些后来看起来更接近真实情况的实话。我举这个例子是想说明，方法的规范性不仅仅表现为一套固定的程序，而且还体现为尊重实际调研活动中的规律。如果我这位同事讲的情况具有普遍性，那么，那些基于一次性或很少数量的访谈来得出结论的农村研究实际上很可能是有问题的。

以上简单讲了方法的规范性问题，后面的选题和研究设计还要涉及这个问题，这里只是从编辑部选稿时所考量的要素角度对方法的规范性进行一个粗略的阐述。

1.4.4 写作的规范性

写作的规范性往往被一些研究生和新手所忽略。对于有经验的编辑来说，基本上读完一篇文章就可以判断作者是否是一名新手。概念引用是否严谨，理论表述是否清晰，参考文献引用是否合理，图表形式是否规范，标点符号是否正确，甚至包括国外研究者的姓名写法是否正确，等等，这些都是写作规范性的表现。此外，还有一些研究规范是在写作的行文中体现出来的，比如说，访谈对象的匿名化。

写作规范的文章让人更容易抓住文章的核心观点，有利于知识的有效传播，因此，这方面也是编辑部在评审文章时会考察的一个基本内容。就我个人的看法，可以从如下几个维度来考察学术文章写作的规范性。

首先是文章的逻辑要完整清楚。通常来说，一篇文章，不管它是哪一个学科，也不管它使用什么样的研究方法，在写作过程中都隐含着一个基本的逻辑，这个逻辑就是：首先要说清楚"问题是什么"；其次，作者对问题有什么样的判断和分析；最后，研究之后得到的结论是什么。除了这三个最基本的方面之外，作者还要交代清楚自己的分析方法。应该说，所有的研究文章都是在这样一个逻辑驱动之下来展开的。把这个逻辑在文章中展现清楚是最基本的要求，也是最基础的规范。如果一篇文章讲不清楚自己要研究的问题是什么，或者不能很好地展现分析过程，或者不能符合逻辑地推导结论，那肯定是一篇还不够成熟的文章。彭玉生教授曾经提出过著名的"洋八股"，对西方定量研究论文的写作规范进行了阐述。其实，"洋八股"是外在表现，其背后实际上是定量研究的逻辑。

其次是文章的表述要规范。在科研论文的写作中，有许多约定俗成的规范。下面列举一些。

·图表的标题。图序和图的标题要在图的下方，表序和表的标题要在表的上方，这是不应该错的。

·表述外国人的姓名，在文章中第一次提到时一般是要先翻译成中文，然后紧跟括号，在括号中注明外文，此后则直接使用中文译名。

·在描述所使用的调查数据的时候，一定要对样本的基本情况（年龄、性别、学历、政治面貌等）进行描述，如果是一个自行收集的数据，对数据收集的方法要进行必要的交代。

·在描述变量分布的表格中，如果表中使用百分比，则一定要标明样本的数量；给出总体均值估计的时候，一定要给出标准误；在表明统计量的显著度时，一般使用"****"代表在 0.001 的水平下显著，使用"**"代表在 0.01 的水平下显著，使用"*"表示在 0.05 的水平下显著，用"+"代表在 0.1 的水平下显著。

这些都是学界长期以来形成的规范，不能随意改变。我曾经看到有的论文在显著度的标识上独树一帜，非要用"****"代表在 0.001 水平下显著，相应地用"*"代表在 0.1 水平下显著，这实际上反映了作者对论文写作规范尚不熟悉。

最后是学术文章应有学术文章的"味"。首先，社科类的学术文章不是诗歌，不是散文，也不是政论文章，它有自己独特的风格，这个风格的核心底蕴就是严谨。严谨的主要体现就是言必有证，对于使用的概念、提出的观点、表述的事实都应该有相应的证据和分析作为支撑，与他人的商榷也是要"事实对事实""逻辑对逻辑"，而不是"自说自话"。其次，学术文章的语言应该相对质朴，不管是定量研究的文章还是定性研究的文章，也不管是社会学、经济学、政治学、心理学的文章，在表述中基本上都应该准确、不花哨，更不能有抒情性文字。三是文章的重心要放在学理上而不是其他方面。我曾看到一些来稿，文章最后的政策建议占了很长的篇幅。在这种情况下，即使文章前面有对学理不错的讨论，也会因为整体上风格不突出而减分。其实，作者可以将后面的政策建议部分通过其他渠道提供给公众，而不是在学术刊物上大书特书。

2
学术期刊编辑部的工作流程

　　许多作者，尤其是初次投稿的作者都有这样的体验，文章投出去之后，心里就一直惴惴不安，一方面期望编辑部早日给自己回音，另一方面又担心收到编辑部的拒信。尤其是一些编辑部目前仍然采用传统的投稿方式（电子邮件甚至信函），并没有采取在线编辑系统，这使得作者在投稿之后对稿件评审的状态毫不知情，从而加剧了这种焦虑。

　　本章对编辑部的相关工作流程进行系统介绍，目的在于让作者了解一篇稿件从投稿到发表要经过哪几道"关卡"，影响过关的因素又包括哪些，从而帮助作者了解自己在投稿发表的各个阶段该做什么工作。其实，一篇文章从投稿到发表要经过比较复杂的修改过程，如果作者有心，可以对比一下投稿和最终发表出来的稿件之间的差异。根据我个人的经验，修改最少会达百处，这些修改有些是文字标点符号错误，有些是图表格式问题，有些是文字表述问题，有些是参考文献问题，有些是推理论证问题，凡此种种，难以尽述。编辑工作的繁复程度是没做过编辑的人难以想象的。在这里介绍学术期刊编辑部的工作流程，也是希望读者和编者之间能达至更好的相互理解。

2.1 编辑部工作概述

2.1.1 组织架构和分工

一般来说，学术编辑部包含如下几类人员：主编（副主编）、编辑部主任（副主任）、责任编辑、编务。这几类人员的职责分别如下。

主编负责整个学术刊物，对期刊内容的合规性以及学术质量负总责，一般由主编负责稿件的最后审定，即由主编来决定刊发哪些文章。但也有编辑部实行投票制，在编辑部成员意见相左、无法抉择的时候再由主编来决定某篇文章是否刊发。副主编主要是支持配合主编工作。

编辑部主任负责组织落实整个编审过程。包括刊发征稿启事、安排人员分稿、和责编协商匿名评审人员、组织统稿会和发稿会、组织稿件的编辑和审校，有的还需要组织各类研讨会和工作坊。

对于一些规模比较小的编辑部来说，编辑部主任通常会兼任副主编，有时候还会担任责任编辑。编辑部副主任支持配合编辑部主任开展工作。

责任编辑负责文章的评审、联系匿审，以及文章的编辑、修改和审校等工作。一般来说，每名责编通常负责一个或几个研究领域，责任编辑需要从稿件中挑选具有学术价值的文章，并联系文章主题所在领域的专家进行匿名评审，然后综合匿审意见联系作者修改稿件，直至稿件最后定稿。在定稿之后，责任编辑还需要完成后续的编辑、校对等工作。

编务负责编辑部的日常行政和辅助性编辑工作。通常，编务要负责整理、分配来稿，回复作者对稿件处理进度的查询，承办编辑部相关行政管理工作（比如说，期刊的年审、办理用稿通知或证明、稿费或匿名评审费报销支付、样刊邮寄，等等）。

以上关于学术期刊编辑部组织架构和分工的介绍基本上也是一个"理想型"，实际中，各家期刊会有一些出入。比如说，有的编辑部没有编务，那么编务的工作一般就由其他人分担了。

2.1.2 编辑部的工作流程

学术期刊编辑部的典型工作流程基本上可以用"四审四校"来概括和描述。所谓"四审"是指责任编辑初审、编辑部（副）主任复审、同行专家匿审和主编终审；"四校"则是指责编一校、责编之间互校（二校）、责编终校（三校）外加核红（四校）。图2-1

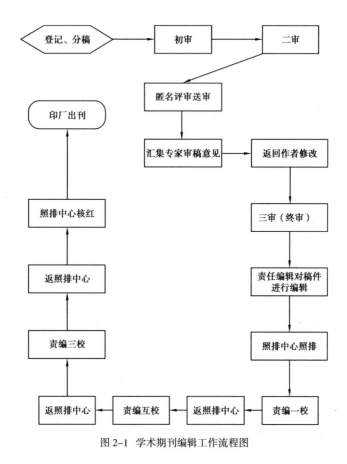

图 2-1　学术期刊编辑工作流程图

列出了编辑部的典型工作流程。

　　一篇稿件投到编辑部之后，首先经过分稿流程，编务将稿件分配至各位责编进行初审工作，责编对稿件进行筛选，筛选结果报送给编辑部主任（副主编、副主任）进行二审，通过二审的稿件会送给同行专家进行审稿（一般为双盲），待匿审意见返回，责编汇总匿审意见并与作者联系沟通文章修改事宜，这个修改过程可能反复多次。修改定稿的稿件提交主编或发稿会终审。通过终审的稿件首先由责任编辑进行全文的编辑，处理文章的内容和格式，完成该项工作后，稿件送照排中心排版，而后返回编辑部，此时得到的稿件是一校样。责任编辑对一校样进行校对、修改，并将修改结果返回给照排中心，照排中心根据一校意见再次排版后返回编辑部，此时的稿件为二校样，由责编互相校对，校对结果再次返回照排中心，照排中心根据二校结果再次排版，形成的结果为三校样，责任编辑各自负责所责编稿件的三校，然后返回照排中心出最后的结果，最后由编辑部主任（或资深责编）前往照排中心核红，对稿件进行最终确认。确认完毕后，交由印刷厂印刷。

按照上述流程，一篇稿件从投稿到最后出版，最短一般需要6个月时间。如果文章修改量不大，那么8~10个月后发表是比较正常的。终审之后的编辑加工阶段时间约为1个月，而前期的分稿、选稿、匿审及修改文章要占去大部分的时间。

2.2 如何提高初选通过几率

2.2.1 分稿概述

通常，学术期刊编辑部是分领域进行审稿的，不仅专业刊物是这样，综合性刊物也是这样。原因很简单，因为编辑部担任学术质量把关人的角色，需要对稿件的学术质量进行评判，也需要对稿件的学术价值进行判断，但没有哪一个编辑能够做到对所有研究领域都很熟悉，因此当稿件投到编辑部之后，编辑部要根据稿件的内容将其分发给相关领域的责任编辑进行审稿。有些综合性期刊采取了作者自助分稿的方式，其具体的做法是设立多个投稿电子邮箱，每个电子邮箱对应相应的领域，作者需要在投稿时自行判断自己的稿件属于哪个领域，然后投给相应邮箱。有的刊物尽管不是综合刊物，但设定的栏目较多，也会采取类似的做法。此外，现在有一些期刊编辑部采取了在线投稿系统，这使得作者跟踪稿件动态比较方便，同时也减轻了编辑部人员的日常工作量，但就分稿这个环节来说，其基本的处理办法也和投稿到电子邮箱的情况差不多，即要么由作者自行选择领域，要么由专人进行审核分稿。

2.2.2　分稿的作用

首先，分稿会剔除那些非学术类的稿件，以及和本刊物办刊宗旨不相符合的稿件。有的政府工作人员将工作总结、情况调查报告投至学术刊物，这些稿件的主题、论述方式、篇幅等方面均和学术研究论文相去甚远，完全没有必要进入下一步的审稿流程，因此在这个环节就会被剔出来。此外，那些群发多个编辑部信箱投稿的文章也会在这个环节被毫不犹豫地剔除。

其次，分稿会剔除那些和本刊物办刊宗旨不相符合的稿件。

例如，我所在的《青年研究》是一本以研究青年群体为主的期刊，涉及的学科主要包括社会学、政治学、经济学、心理学等，但有时候会收到一些诗歌作品或其他形式的文学作品，这些稿件是不会进入下一步审稿流程的。还有的稿件是关于音乐、绘画等主题，如果这些稿件不是从社会科学的视角在探讨相关主题，而是讨论音乐、绘画自身的学理问题（比如音乐的发展史、绘画的流派），那么这样的稿件也是无法通过评审的。我 2017 年到中部一所大学进行学术交流时碰到过这种情况，一位音乐系的研究生给我看一篇关于云南民歌音乐特征分析的稿件，问《青年研究》是否有兴趣接受，我只能告诉这位同学，目前暂时还不考虑，最好投给其他刊物。

再次，分稿会判断来稿是否符合篇幅要求。一般来说，专业刊物要求投稿的篇幅一般在 10000 字到 20000 字，有的刊物是 12000 字到 20000 字，这是比较常见的，有的刊物甚至允许投稿超过 20000 字。而综合类（多学科）的刊物对篇幅一般要求 10000 字左右，有的甚至可以短到 6000 字，多了反而不容易被接受。因此，在分稿的时候，篇幅也是一个重要的考量因素。比如说，《青年研究》一般要求稿件在 10000 字至 20000 字，对于一些稿件篇幅在 8000 字以下的肯定就不予考虑了，如果接近 10000 字，同时文章的选题和内容又都还不错，那么通过分稿的可能性增加。有的稿件写得很长，达到了 30000 字甚至 40000 字，这种情况下，分稿的编辑可能会视情况处理。如果稿件写得很认真，符合学术规范，有可能通过分稿这一关，交由责任编辑进行后续处理，但如果稿件写得很粗糙，基本上也就过不了这一关。我在分稿的过程中看到不少稿件明显就是一本书的一章或者是某个课题的研究报告，有时候甚至连章节号都还保留在里面，这种情况一般是不会分稿通过的。

最后，分稿工作也因编辑部而异。有的编辑部在分稿阶段仅按照上面说的三条原则处理，只要不违背这三条原则的稿件都交由责编处理。有的编辑部则会在上述三条原则的基础上进一步判断，把一些质量不高的稿件一并剔除，二者的差异在于分到责编手里的稿件多寡不一。拿《青年研究》来说，近年来月平均投稿量在 150 篇到 160 篇之间，在 2017 年前基本上只根据上述三条原则进行判断，大约 70% 的稿件被分到责编手里；而 2017 年以后在分稿阶段加大了审核力度，大约只有 35% 的稿件会分到责编手里，平均每个责编每个月手里有 12 篇左右的稿件。那些被剔除的稿件主要是由于选题过偏或者有明显的瑕疵。例如，研究的问题不清楚，文献综述不到位，数据的可信度有限，研究方法误用，等等。

2.2.3　分稿相关问题

顺利地通过分稿是文章发表的第一步。如果作者想要提高分稿通过的几率，在投稿之前应该做一些必要的功课，例如，了解期刊的定位，这里主要指的是期刊属专业刊还是综合刊。通常来说，专业刊要求稿件对学理的前沿问题把握得更准、在理论和方法方面要求更高，并且一般来说篇幅要相对长一些。而综合刊则相对更看重选题是否精准，在理论和方法的专业水平方面要求相对低一点，篇幅也相对短一点。另外，所投的期刊主要刊发哪些领域的文章，这一点也需要事先了解清楚，如果投错了专业领域，基本上稿件没有刊发出来的可能。

除了上述这些基本的考量，我建议作者在投稿前还要做好如下工作。

第一，了解期刊对投稿的要求。主要是投稿的主题、篇幅和文章格式。通常，学术期刊都会定期刊发征稿启事，其中会对投稿要求做出说明。作者应该重视这些说明，自行对文章进行评估和调整，尽量使文章符合期刊的明文规定。比如说，如果期刊申明了要 10000 字以上，那么 8000 字的稿件就不用投了。此外，如果期刊要求了稿件格式（如字号、间距、注释格式等），则作者一定要按照期刊要求的格式对文章进行排版，否则分稿的编辑会觉得这篇稿件并不是针对自己期刊来投的，缺乏对期刊最起码的尊重，因而不予通过。

第二，认真打磨稿件。尽管编辑在后期要对稿件进行大量修改，但这并不意味着作者可以放松对自身所投稿件的质量要求。有经验的分稿人员或责任编辑在几分钟甚至更短的时间内完全可以判断作者下了几成功夫。对于那些没有下功夫的稿件，编辑们往往也不愿意投入过多精力，通常就直接放弃了。例如，有的稿件格式前后不一，同一类型内容的字体变来变去，字号大小也不统一；有的作者所引用的参考文献格式不统一，让人怀疑作者是不是从多个其他的来源拷贝而来，而不是自己真正参考了这些文献；还有的稿件错别字连篇或者处处语病，给责任编辑的第一印象很差，从而增大了被拒稿的风险。我个人的经验是，作者尤其要注意推敲文章的题目，并精心撰写摘要及开头和结尾这几部分。题目表述要尽量清晰、抓眼球，摘要应简明扼要且符合规范（第 4 章还要讲到这个问题），开头和结尾都要比较干脆利索，这样能够增加自己通过分稿这一关的概率。

第三，投稿信撰写得体。分稿编辑或编务每天要处理大量信息，因此一般没有时间仔细阅读每位读者的来信，因此，投稿信不用写得太长，也不用在邮件里面详细介绍作者的个人背景和文章的内容，只要表明自己是向期刊投稿即可，同时注意留下准确的联系方式。此外，也要防止过分简洁的做法。有的作者只是简单地把邮件作为附件发送给编辑，邮件的主题也没有写明是投稿，正文也一句话没有，这样的邮件给人冷冰冰的感觉，实际上也是该避免的。在邮件的主题上，最好能够标明作者的姓名、单位和文章名，这是一种非常友好的写邮件方式，方便编辑部人员查询搜索邮件，会引起分稿人员的潜在好感。

第四，注意收信确认。这主要是针对用电子邮件投稿方式来说的。有时候，作者投稿给期刊许久也得不到答复，等到打电话去问，才知道编辑部未收到自己的投稿或者被分类到垃圾信件中了。在电子邮件通信中，由于防病毒系统、垃圾邮件隔离系统或邮件系统故障，收不到邮件的事情时有发生。在我的印象里，这类事件的发生率在 2% 到 3%，有时候甚至接近 10%。有的编辑部收稿邮箱设定了自动回复，这样作者可以知道编辑部收到了邮件。

但有的编辑部信箱并没有设定自动回复，例如，《青年研究》在
2018 年 6 月以前是设定了自动回复的，但后来出于安全起见，中
国社会科学院统一取消了自动回复功能，此时，作者不知道编辑
部是否收到了自己的邮件。因此，可以选择电子邮件中的"阅读
收条"功能，这样比较容易知道编辑部是否正常收到了邮件。

2.2.4　分稿题外话：工作报告和学术论文

这里联系我本人在编辑工作中碰到的各种稿件，和大家分享
几个情况。在 2017 至 2018 年，我负责《青年研究》的分稿工作。
在这期间，我对来稿的全貌有了比较清楚的了解。大致来说，每
个月的投稿量最高接近 200 篇，最少的时候是 120 篇左右，平均
投稿在 150 篇到 160 篇。但是仔细看下来，来稿中并不全是学术
论文，投稿的作者也不全是高校和研究机构的人员。大致来说，
有 30% 左右的投稿是不能算作学术文章的，这些文章的风格更接
近于工作报告或者就是工作报告，其主题往往是政府某方面行政
工作的总结或者某地区某项工作的经验材料，有的甚至是个人工
作的感悟。我至今印象深刻的一篇来稿是中部某省一名基层干部
发来的，长度约 600 字，主题是关于基层干部工作作风问题，主
要的观点是基层干部就应该要大胆、泼辣、有担当，这样才能干
得好工作。说实话，第一眼看到这篇文章，我的感觉是啼笑皆非。
撇开这篇文章本身的观点和写作水平不说，这位作者对学术期刊
的定位显然是不了解的。另外还有一些文章，尽管讲的内容很精

彩，观点也很新颖，但形式规范方面与学术论文的要求相去甚远，对于这类来稿，编辑部肯定是只能直接拒稿。

　　这里就有一个问题，那就是工作报告和学术论文的区别在哪里？就我个人的理解，二者最为明显的差异在于，工作报告关注的是实务工作的过程和经验，而学术论文关注的是知识体系的发展和完善[1]。举例来说，某个地区开展了法律下乡活动，活动结束或者阶段性工作结束后，组织活动的部门要对整个过程进行回顾，分析成功和失败的原因，总结出一些经验，指出下一步工作的方向，这样形成的一个报告是典型的工作报告。而对于一位学术研究人员来说，他可能更关注和这个过程相关的学理问题。例如，政府和个体在这个过程中的关系是怎样的？村民中既有的乡规习俗与现代法律体系之间是否存在冲突？二者之间的紧张又是通过什么样的机制得以化解？等等。

　　可能有些人会问，工作报告和学术论文的差异我可以理解，那么怎么来看待调查报告呢？在实证社会科学中，尤其是社会学、政治学等学科中，往往要开展大量的实证调查，定量和定性的都有，似乎很多调查报告也并没有体现出对理论体系的发展和完善。对于这个问题，我是这么看的。人们认识事物，都有一个从无到有、从浅至深、从描述到解释的过程，因此，对一个事情的认识，往往不是一开始就能够进入到理论层面。从社会学对研究的分类来说，其中一种分类方式是将研究分为"探索性研究""描述性

---

[1]　关于工作报告与学术论文的区别，李怀祖等人所著的《MBA 学位论文研究及写作指导》一书中有更为详细的论述。——编者注

研究"和"解释性研究",其中的探索性研究指的就是,在对事物没有明确的理论层面认识的情况下进行的先期研究工作,这样的研究构成了进一步理论建构的基础,因而有其自身的学术价值。举例来说,关于中国社会分层问题的研究,最早在20世纪末提出这个问题时,资料基本上是一片空白,在这种情况下,有必要先建立对中国社会分层现状的认识,然后再去寻求理论的解释。因此,把中国人的收入分布情况、教育程度分布情况、城乡差异的多方面表现等问题描述清楚是第一步的工作,此后才会有关于中国社会结构、收入不平等、教育不平等这样的理论探讨。

同时,我们应该看到,学术调查报告和一般性的工作报告(有时候也称为调查报告)二者之间的差别也是明显的。具体来说,学术调查报告尽管也是描述现象,但这种描述往往是在既有的相关理论启发或者指引下进行的,调查何种对象、调查什么内容、使用什么方式调查都不是随意确定的。举例来说,如果我们要研究宗教信仰问题,对于一个学术调查,可能关心的问题是人如何接触到宗教、宗教信仰传播的机制(是否与家庭有关,是否与社会网络有关)、宗教行为与个体的经济和政治活动有什么关联,等等,因此,在调查中会设计相关的问题去询问被调查者,同时在调查对象的选取上也可能尽量遵循严格的概率抽样原则。而工作报告的出发点则和学术调查报告有差别,工作报告更关注的往往是,某个地方出现宗教信仰后,对政府的工作可能产生了什么样的影响,涉及哪些相关行政部门的工作,应该采取什么样的应对措施,等等。换句话说,尽管学术性的调查报告重点在调查描述,

并不在理论体系的发展，但从调查设计和调查过程中都可以观察
到理论的影子；而工作性的调查报告中，基本上不涉及理论体系，
倒是往往可以看到政府或者调查委托部门的关注点。

2.3　如何跟责编打交道?

2.3.1　概述

责任编辑(责编)是编辑部里面直接和作者打交道的工作人员，
在稿件整个发表过程中起着十分关键的作用。一篇稿件要发表出
来，首先要得到责编的认可。责编人员的情况是多种多样的，有
些编辑部是安排专职人员担任责编，也有一些编辑部是请人兼职
担任责编。拿《青年研究》来说，2014 年以前没有成立独立的编
辑部，当时的责编由中国社会科学院社会学研究所青少年与社会
问题研究室的研究人员兼职担任；2014 年成立独立的编辑部之后，
开始有专职的责任编辑。不管专职或兼职，责编通常是对某一个
或某几个研究领域较为熟悉的研究人员或编辑人员，一般会长期
跟踪这些领域的发展，对该领域的发展历史和动态、重大事件及
研究力量的分布情况都比较了解，这也是责编能够相对准确地判
断稿件学术价值的原因。

2.3.2 责编的作用

第一，作为一名责编，其最重要的作用是甄别稿件的学术价值，承担好第一道守门人的责任。当稿件分配至责编时，责编首先会逐篇阅读稿件并进行横向比较，筛选出送给二审的稿件。筛选时考虑的因素包括：文章的选题是否有价值，研究的问题是否受到广泛的关注，研究水平是否处于同学科的学术前沿，文章发表出来后的影响力会如何，等等。有的责编还会注意作者的文字水平。有时候，责编会进行几次筛选。有些责编喜欢用剔除法，即首先剔除最差的稿件，然后再剔除次一等的，最后留下有限的几篇稿件，这些稿件通常在选题、观点、写作等多方面综合情况较好，然后将它们提交给编辑部主任进行二审。有的责编则喜欢用挑选法，即首先选择那些最引人注目的稿件，如果数量基本上够了，就会停止筛选；如果稿件不够，再继续选择相对较好的稿件。剔除法和挑选法的最后结果都差不多，但相对来说，剔除法会相对费时。一般来说，责编在确定通过初审的稿件后，会以各种方式告知作者。如果从投稿之日算起，收到初审通过的通知一般会在 2~3 个月之后。快的也有在 1 个月之内的，这个跟编辑部的具体工作流程有关。

第二，责编是作者和编辑部之间的沟通桥梁。从稿件通过初审开始，责编就开始和作者建立一对一的联系。如果稿件未通过匿审，责编会告知作者；如果稿件通过匿审，责编需要汇总匿名评审人的意见，有时候还需要加上自己的意见，然后转告给作者，请作者修改稿件并回应。在这个过程中，作者和责编需要多次沟通，尤其是在对稿件修改意见不一致的时候。在作者完成稿件的最后修改之后，责编要负责判断稿件最终是否达到了发表的要求，并把那些达到要求的文章提交至主编或者发稿会进行终审。在终审环节，责编将代表作者对文章进行介绍，阐述文章值得发表的理由。有时，发稿会还会对稿件提出一些修改意见，这时，责编需要继续和作者联系，讨论文章的修改事宜。从上述过程可以看到，责编实际上对稿件的发表起着关键性的作用。

第三，责编要负责稿件的文字加工等后期工作。对于通过终审的稿件，责编要负责对稿件的内容进行全面审定，并根据版面情况对文章的篇幅进行调整，走完一校、二校、三校等流程，最终完成文章的编辑工作。在这个过程中，文字内容的加工和出版格式的检查是最主要的工作。同时，由于期刊的版面数量是固定的，期刊管理部门对期刊版面的排版有严格要求（例如，空白不能超过半页），因此有时候责编会在稿件定稿后要求作者再适当增加半页左右的篇幅；或者在整个期刊版面不够的情况下，根据编辑部主任的安排，要求作者删去部分篇幅。

2.3.3　和责编沟通中需要注意的相关问题

第一，要尊重责编。人们通常用"为他人做嫁衣裳"来描述编辑的工作，这句话当然是从成果的归属角度来说编辑的工作，不一定全面，但每一篇文章的发表的确都凝聚着责编的心血。责编不仅要负责帮助作者消除一些明显的小错误（如文字、表述、参考文献等），有时候还要站在作者的立场，在学理方面应对同行专家以及主编的质疑和批评。行内有一句经常提起的话——"编辑是一个良心活"，这句话的意思是，责编在一篇文章上投入多少精力实际上有非常大的弹性。一名负责的责编会仔细地检查文章的缺陷，尽力使文章变得完美；不负责的责编可能只肯花最少的时间使文章达到勉强可以发表的水平。从我个人担任责编的感受来说，从头至尾编辑一篇文章，至少要花上 10 天的时间，多的花上 1 个月时间也不稀奇。有些文字水平或者论证质量稍微差一点的文章，编辑所花费的时间会很长。从这个角度说，作者应感谢责编，尤其是感谢那些一遍遍给你打电话或者给你写邮件，要求你修改文章的责编。因为，文章一旦发表出来就是白纸黑字，无论好与不好，都会跟着作者一辈子。因此，如果作者碰上一位严格的责编，其实应该感到幸运而不是沮丧和挫折。

第二，要以严肃的态度对待学术沟通。作者和责编之间的沟通集中在稿件修改意见上，当匿名评审意见返回以后，责编通常会要求作者参考匿名评审人的意见进行修改，有的责编也会明确提出自己的看法，这在那些由研究人员兼职担任责编的编辑部中尤为常见。换句话说，责编和匿名评审人提出的意见都代表了同行专家提出的意见，作者需要以严肃的学术交流态度对待这些意见，逐一回应，不能随意处置。李连江教授说要以"学徒"心态对待匿审的意见（李连江，2016 年：186），这很有道理。因为匿审专家往往是在这个领域内享有一定声誉的研究者，他们对问题的判断力、在理论和方法方面的素养、对专业文献的熟悉度及所拥有的写作经验都是同行里的佼佼者，因此，他们给出的意见值得作者高度重视。如果作者不接受匿名评审人提出的意见，也需要认真地写出理由，提供充分的证据，来和匿名评审人进行对话。在这个过程中，责编会作为评判人居中审议作者和匿名评审人的意见何者更为有道理并做出选择。我个人的看法是，只要匿名评审人的意见和作者的核心观点不矛盾，应尽量考虑吸纳，但如果涉及到核心观点，则需要展开充分讨论，然后视情况进行处理，如果作者得到责编支持，可以维持稿件的既有观点；如果责编的意见和匿审一致，那么作者很可能不得不考虑大改，否则只能选择暂时放弃发表。

第三，和责编的沟通要有耐心和技巧。目前，发表一篇文章的周期通常都在 6 个月以上，并且这一期限还有加长的趋势。作者在这个过程中通常会处于不同程度的焦虑之中，有时候会写邮件或者打电话询问责编稿件的发表进度。对此，我的个人建议是，尽管焦虑，仍然要保持耐心，或者说"淡定"。对于多数期刊来讲，稿件只要通过了匿审，再通过终审的概率就很大了，最多是再多修改几次。另外，和责编沟通也需要有一定技巧，这个技巧主要是控制询问的时间间隔。我建议 1 个月内最多只询问 1 次。因为一个责编往往需要同时处理很多稿件，而每篇稿件的处理都需要一定周期，过于频繁地询问编辑不仅得不到结果，有时还会起到反面作用。

2.4　揭开匿审的面纱

2.4.1　关于匿审

学术期刊的一个重要特征是同行评审（peer-reviewed）或者同行鉴定（referred），评审一般是匿名进行，并且最常见的是双盲（作者不知道评审者，同时评审者也不知道作者）。匿审的组织一般是在责编选择的稿件通过编辑部主任二审之后，往往由责任编辑和编辑部主任共同商议确定匿名评审专家的人选，然后由责任编辑联系匿审专家，请求匿名审稿。通常来说，每篇稿件需要两名同行的匿审专家。按一般的规则，如果两名专家都表示了否定意见，则稿件通常就会被拒绝（也有编辑部仅把匿审意见作为参考，但并不全部采纳）。如果两名专家都同意，则匿审环节这一关就算通过了。如果两名专家意见相左，则会再找第三名专家进行匿审，最后综合三名专家的意见确定稿件是否通过匿审。也有的期刊匿审专家仅有 1 名，这种情况更容易出现在那些本身由研究人员担任责编的编辑部中。在只有 1 名匿审专家的情况下，匿审的意见可能会起主导作用。

2.4.2　匿审的工作内容

有的作者在面对匿名评审人的意见时，可能觉得匿名评审人对自己的文章没有看懂，提出的意见完全不在点上，但同时又担心不按照匿名评审人的意见修改会导致论文通不过评审，最终发表不出来。

那么，匿审专家会做哪些工作呢？这些工作对期刊投稿的发表又有什么样的影响呢？我这里以《青年研究》的匿审专家表为例，说明匿审专家如何开展工作。

按编辑部的工作流程，《青年研究》编辑部会邀请匿审专家就稿件的学术创见及存在的问题给出具体说明，并提出具体修改建议，要求字数不少于500字。从实际情况看，评审意见的长度都远远超过这个要求，有的专家会写出2000字甚至更长的修改意见。这部分意见会以文字表述的方式附在《青年研究》匿审专家评审表中，只要匿审的结果不是退稿，责任编辑就会整理这部分意见然后转发给作者，供作者修改文章时参考。除了上述文字意见之外，编辑部还会邀请匿审专家对稿件进行六个方面的评价，这六个方面分别是选题价值、论点创意、知识背景、论证质量、材料运用及文字水平。匿名专家将根据稿件的情况对这几个方面分别给出评价，并向编辑部提出是否发表的建议，建议共分五个层级，分别是发表、略改、大改、改后重评和退稿。见表2-1。

"发表"意味着文章各方面都较为成熟，仅需经过必要的文字润色和编辑（文献格式、注释格式等）就可以直接发表；"略改"意味着文章在选题、观点、论证、写作等方面都没有明显问题，但可能存在一些局部的瑕疵，这些瑕疵包括材料不准确、表述不够清晰、材料组织方式不恰当等，只要对文章的这些方面进行少量的修改，基本上就达到了发表的水准。"大改"意味着文

表 2-1　《青年研究》匿名专家评审表（有部分删节）

	评议内容			
选题价值	□优	□良	□中	□差
论点创意	□优	□良	□中	□差
知识背景	□优	□良	□中	□差
论证质量	□优	□良	□中	□差
材料运用	□优	□良	□中	□差
文字水平	□优	□良	□中	□差
建议：	□发表	□略改	□大改	□改后重评　□退稿

章具有发表的潜质，但在某些方面存在着比较大的问题。比如说，提出的观点不够清晰，文献综述方面漏掉了重要文献，论证的过程有逻辑漏洞，文字表述不够简洁、规范等。尽管有上述问题，匿名评审人仍然认为这是一篇通过修改能够发表的文章。在"发表""略改"和"大改"这三种情况下，匿名评审人一般不再第二次评审文章，由责编和作者进行沟通，修订完成后就可以送稿件至终审环节了。

"改后重评"则表示，匿名评审人认为稿件在多个方面具有一定的基础，但都存在着明显的不足，这些不足多是结构性、整体性的，难以通过有限的修改得到解决，因此，文章需要彻底的调整甚至是重写，然后再重新投稿。例如，一篇讨论农民工留城意愿的文章，可能提出了一个不错的观点，但对影响农民工留城意愿的机制没有阐述清楚，同时对他人成果的讨论不够充分，没有对既有的研究成果进行很好的梳理，并且文字表述也不够流畅。这种情况下，匿名评审人很可能就会建议改后重评。这就意味着，责编需要把稿件发回给作者，请作者做深度修改后返回，然后再重新组织匿审，重新匿审的专家通常是前一次的匿审专家，但也可能是新的匿审专家。

"退稿"是最为严厉的评审意见，这一建议意味着匿审专家对文章在多个方面的表现评价很低，尤其是在论点创意、知识背景、论证质量和材料运用这几个方面，这表明匿审专家对作者完成这个研究题目彻底不抱希望，因此建议编辑部退稿。一旦给出这个建议，稿件就基本不可能发表了。

从我个人的经验看，匿名评审的意见主要集中在"略改""大改"和"改后重评"这三类，其中"大改"的约占到一半以上。给出"发表"和"退稿"这两类意见的比例很少，都不到5%。这个结果也比较好理解。文章很难有完美的，因此，建议直接发表的比例一定会很低，多少都要进行一些修改，而送匿审的稿件一般都是经过责编挑选的，因此，匿审专家一般不会轻易给出"退稿"的意见。

通常，下面这些情况会出现"退稿"这一评价，即某些投稿选取的主题所在领域相对比较偏，编辑部的责编都对该领域不熟悉，这时候责任编辑基本上只能从文字规范等方面来判断稿件的质量，然后送给匿审专家。这种情况下，责编对稿件选题和观点的"把关人"作用没有发挥出来，因此有可能收到匿审专家的"退稿"建议。

大部分匿审专家本身是研究者，都比较体谅作者发表文章不易，不愿意将作品发表的大门完全关上，一般会手下留情，在这种情况下选择"改后重评"这一选项的也比较多。不过，近来这种情形也正在发生微妙的变化，由于投稿数量日益增多，稿件的整体水平也在不断提升，责任编辑选择稿件的余地比较大，因此一些责任编辑往往会把"改后重评"和"退稿"视为同义语。而从匿审专家来讲，由于评审文章通常要前后阅读好几遍，有时候甚至还要查阅资料，耗时不少，因此有些匿审专家为了防止因"改后重评"的意见而被编辑部要求自己再次匿审，也会考虑给出"退稿"这一建议。

2.4.3　几种典型匿审意见及案例

前面在介绍如何和责编打交道的时候已经谈到了应如何对待匿审意见，但主要是从尊重匿审意见的角度来说的。这里着重说一下技术性的问题。通常，匿审专家提出的意见包括如下几类：作者提出的观点和论证逻辑有问题；作者的资料（数据）应用有问题；作者的分析方法有误；作者的表述不清。此外，有时匿审专家还会提出文献方面的问题。

第一种情况，如果匿审认为作者提出的观点和论证逻辑有问题，作者是需要高度重视的。观点和逻辑是学术学理层面的核心，如果这方面出问题，当然是严重的事情。在这种情况下，作者要从头认真梳理自己的观点和论证逻辑，并将其与匿审提出的问题仔细对照，反复推敲，判断匿审意见是否合理。如果合理，则应虚心接受。如果仔细思考之下，认为匿审的批评不成立，也要本着心平气和的态度，写出回应的意见，说明不接受的理由，并且，在这种情况下，要尽量找到导致匿审专家提出批评意见的原因，并集中对其进行分析和阐释，这样有利于匿审专家和责编了解意见分歧所在，从而有利于责编进行学理上的判断。举例来说，《青年研究》2017 年第 5 期发表了中国人民大学一位作者的文章，题目是《共青团组织推动高校学生社团发展与治理的历程研究》，我是这篇文章的责编。老实说，这样的文章对于作者和编者来说都不是特别好把握——如果分析得不好，很容易滑向工作报告；另外，如果采取的框架不合宜，则又很容易触及出版管理中的敏感点。这篇文章在定稿前也改过好几次，我认为匿审提出的意见非常到位，直击原稿的要害。

> 从已有文献的情况来看，中国政府对社会组织的态度其实是一种摇摆与含混的态度，很难概括地说"信任"或"不信任"。如作者已经注意到康晓光等的研究所指出的那样，在中国国家治理现代化的进程中，不同治理目标（及承载的官僚机构）对社会组织的看法和态度是不一样的，如具体的公共服务部门（民政、人保、发改等）更看重社会组织提供服务的能力，因此近年来总体鼓励发展；但另一些承载了意识形态和政权稳定性的部门则有不同的看法。这些看法纠缠在一起，导致中国政府对社会组织的观点经常

动态波动，并且会随着周边形势等突发事件而有所调整（如文中的"颜色革命"）。由于在一个特大型国家，上述政治摇摆很难恰当地找到均衡点，<u>因此从根本上解决"信任"的问题就不是一个顶层设计能解决的，而是需要实践中找到一种具有开放性和均衡性的制度结构，能使不同的制度思维都被充分容纳下来。从这个角度来说，本文如果要在理论和政策上有所贡献，就需要把这种制度结构是如何形成的？如何使不同的制度逻辑（管控与发展？）既相互交织，又彼此支持？背后的条件是什么？等这些问题顺着一条理论线索梳理出来。</u>

匿审意见明确表示，"信任"的问题不是顶层设计能解决的，"而是需要实践中找到一种具有开放性和均衡性的制度结构，能使不同的制度思维都被充分容纳下来"，同时匿审专家明确提出了对文章的建议，"……把这种制度结构是如何形成的？如何使不同的制度逻辑（管控与发展？）既相互交织，又彼此支持？背后的条件是什么？等这些问题顺着一条理论线索梳理出来"。我想，读者即便没有看过《共青团组织推动高校学生社团发展与治理的历程研究》这篇文章在投稿之初的版本，也会很赞成这位匿名评审专家的判断。事实上，这位专家的意见对文章的后续修改起了很大的作用，发表出来的版本正是从这种实践活动展开的视角去重新描述了这一历程。

第二种情况，如果匿审认为作者的分析的方法有误，那么作

者需要重新对资料进行分析。这在那些使用公开数据进行量化分析研究中较为常见。通常，能够提出此类意见的匿审专家是对作者所用数据非常熟悉的人，匿审专家往往自己就用过这些数据，甚至是问卷的设计者，他们提出的意见一般来说是比较中肯的。

我这里举一个例子，发表在《青年研究》2018 年第 2 期的《农村居民职业代际流动性的测度及分析》是一篇选题视角较为新颖的文章，我担任了这篇文章的责编。这篇文章主要是基于"中国综合社会调查"2008 年、2010 年、2012 年以及 2013 年的数据，使用 Altham 指标对农村地区的代际职业流动性进行测算及对比分析。研究有很多有价值的发现，具体的内容不在这里展开叙述，有兴趣的读者可以自己去找来看。我这里要说的是匿审专家给出的意见。这位匿审专家自己使用"中国综合社会调查"发表过很多文章，因此对数据非常熟悉，给出的评审意见中有如下内容（下划线为本书作者所加）：

> 关于农村样本的选择，作者已经关注到'农转非'情况，这很不错。现在作者的做法是'在农村户口数据的基础上加入父母均全职务农的非农村户口的受访者数据'。其实更为准确的做法是目前农村户口样本加上经历过"农转非"的样本。<u>CGSS 调查有关于'农转非'的记录</u>"。

从这段意见可以看到，匿审专家对数据非常熟悉，能够直接"点穴"。对这种意见，作者要虚心听取，并且要按照匿审意见去尝试新的分析，通常来说会有新的发现。就刚才这篇文章来说，作者给编辑部是这样回应的（下划线为本书作者所加）：

> "我们非常感谢专家对于我们农村样本选择想法给予的肯定，专家指出的 CGSS 调查有关于'农转非'的记录，对我们进一步完善论文至关重要。在这一稿中，我们将农转非的相关样本由原来'在农村户口数据的基础上加入父母均全职务农的非农村户口的受访者样本'替换为 CGSS 调查中提供的"农转非"样本，并重新报告了'农转非'数据在各同期群样本中的比重。总体来说，<u>原'农转非'数据比重为 13.66%，修改后'农转非'数据占总样本的比重为 25.53%</u>"。

从作者的这一段回应可以看到，接受匿审专家意见之后，研究的描述结果有了非常大的改变。

第三种情况，如果匿审专家提出的问题是说作者的资料（数据）分析不充分，则作者需要根据匿审提出的意见对资料数据进行进一步的完善。资料的利用是否充分完善也是考察作者功力的重要方面。资料于文章就好像食材于菜肴，好的厨师总能够把食材的用处发挥得淋漓尽致、恰到好处，在《青年研究》的评审意见中有一条是专门关于材料应用的。这里也有一个例子。《青年研究》2016 年第 6 期发表了《乡-城流动人口就业部门分割及职业地位》，该文后来被《中国社会科学文摘》2017 年第 3 期摘录。在匿审阶段，匿名评审专家提出了如下意见：

　　整体感觉研究只做了一半，也就是分析了"各种资本"对乡城流动人口进入某一个就业部门的影响，这一部分的研究实际上是众所周知的结果。当然，其本身也可以有研究结论，但如果和更好的研究相比，显得比较单薄，研究意义也就下降很多。如果能够在分析进入部门的差异之后，再分析这种机会上的差异对经济社会地位或者社会态度、社会融入上的影响，则显得比较完整。也能够回到劳动力市场分割所讨论的真正目的：分割的后果。否则的话，本文论文的题目不如就改成"……的影响因素分析"。其实作者已经发现了不同部门人在就业收入、社保等方面的差异，这些信息如果在后续的分析中不用，那提及的意义就不大。这些其实都可以视为部门分割的后果，可以做进一步分析。

　　上述意见实际上是匿审专家对分析资料策略方面的批评和建议。评审专家指出了稿件目前的分析策略可能产生的后果，认为如果维持原样，那么"和更好的研究相比，显得比较单薄，研究意义也就下降很多"，而克服这一缺陷的办法是"在分析进入部门的差异之后，再分析这种机会上的差异对经济社会地位或者社会态度、社会融入上的影响"，这样"显得比较完整"。这个案例其实表明，写文章是一个经验累积的过程，有经验的作者非常清楚自己的文章在读者眼里的形象，以及写到什么样才会被认为是一篇好文章，一如社会学家米德提出的"镜中我"概念描述的那样。刚开始写文章的作者应该注意学习这些经验。

2.5 了解二审和终审

2.5.1 二审

二审和终审这两个环节对文章能否发表也非常重要，但从作者修改文章的角度来说，责编和匿审的意见对文章的发表更有影响，通常二审和终审不会对文章的内容提出具体的修改意见，二者主要是从期刊的风格、定位等方面考虑是否录用某一篇文章。不过，为了让作者完整地了解编辑审稿流程，这里也略作介绍。

二审通常由编辑部主任（副主任）或者副主编来完成。这个环节的主要工作包括几个方面。

一是需要对责编提交的稿件进行横向评估，以确定哪些稿件送匿审。在分稿之后，各个责编独立开展工作，每个责编都是从分配给自己的稿件中挑选中意的稿件，这样就可能产生几个问题。首先是稿件的水平可能存在"分组"差异。例如，某一次分稿中，分给责编甲的稿件整体水平都比较高，分配给其他责编的稿件整体水平偏低，这样从保持刊物学术水准的角度来说，二审的时候就会重点考虑甲提出的稿件，而不是平均地从各个责编那里挑选稿件。其次，是稿件主题问题。虽然责编是分领域进行，但很多文章的主题可能会有重叠和交叉。拿《青年研究》来说,"家庭""婚姻""性"等领域的稿件由一位责编负责,"文化""心理""世界各国青年"等领域的稿件由另一位责编负责,有时候会出现彼此重叠的情况。比如说,负责婚姻领域的责编选送一篇关于婚姻观念变迁的稿件,负责文化的编辑也从文化的角度提交了一篇关于婚姻文化变迁的稿件,这个时候就需要二审来进行处理了。通常的处理办法不外乎两种,一是在文章质量都不错的情况下,考虑组成专题;二是在文章主题重叠或者稿件质量有明显差异的情况下,淘汰其中一篇文章。

二是需要考虑刊物风格和定位问题。通常来讲,一个刊物不太可能连续发主题雷同的文章,这一点主要是由二审来进行控制和平衡。从这一点来说,作者在投稿的时候要注意,某刊物在近期刊发了某主题的文章,一方面说明该研究主题得到了刊物的关注,但另一方面也表明,该刊物在近期可能不会再关注这一个主题了。类似主题的文章如果要投,就需要仔细考虑一下,至少在具体的研究问题上要和已经发表出来的文章有所差异,否则很可能会被刊物忽视。

三是需要考虑匿审专家人选的问题。通常来讲,每一个学术期刊都有自己的匿审专家库。但很多期刊对每个匿审专家每年匿审的稿件数量有上限规定,这主要是考虑到每个匿审专家的精力也是有限的,有的匿审专家同时担任多家刊物的评审人,如果承担的匿名评审任务过多,质量也可能难以保证。再者,每个匿审专家的知识结构也并非十全无缺,同一匿审专家审阅过多的稿件实际上也难免出现"系统性"偏误。因此，在二审结果出来后，负责二审的人会和责编根据相关情况来确定匿审专家。这个环节可以防止出现不同的责编同时找一位匿审专家审稿的情况。

2.5.2　终审

终审一般由主编来完成，也有的编辑部是由主编主持定稿会，在集体讨论的基础上来进行最后的定稿。在终审环节，主要考虑以下几个事项。

一是对拟刊稿件的质量进行总体评价排序。通常，提交到主编或发稿会的稿件数量会比期刊每期的载文量要大，假如一本期刊每期刊发 10 篇文章，可能提交给主编或者发稿会的稿件会有 12 到 15 篇。这个环节会以这些稿件的学术质量进行总体评价排序，优中选优，确定哪些可以马上发表，哪些暂缓发表，而哪些稿件可能要继续修改。一般来说，如果没有致命的问题（比如说选题违反有关规定），提交发稿会的文章最后都能发表出来，只是发表的时间可能有早有晚。

二是稿件的取舍编排。主编通常会根据当前的环境选择决定下一期刊物发表哪些稿件，这一决定主要是依据当前的学术热点和时政热点。大部分的主编要么是资深的编辑，要么是具有行政职务的资深管理人员或研究人员，他们对学术发展态势和社会形势的把握比较准确，利用他们在这方面经验，可以使得期刊的传播效果最大化。

3
选题和研究设计的建议

3.1 正本清源：发表只是研究的延续

可能很多作者不知道，在作者觉得发表太难的同时，很多主编和责任编辑在感叹现在好稿子太少，尽管每月投来的稿件为数众多，但有时候竟然难以凑足每期发稿量。即使是在已经发表出来的稿件中，真正让人满意的每期最多也就是两三篇，其余的也只能说还说得过去，谈不上优秀。好的稿件永远是缺乏的。

一方面作者喊着发表难，另一方面期刊觉得缺稿，这种局面表明：一方面，可能中国的整体学术研究水平还有待进一步提高；另一方面，可能我们的科研管理和考核体制还有一些问题。

我的核心观点是，发表只是研究的延续。研究者开展研究工作，并向同行和社会报告自己的发现，这是一个完整的过程。唯有理顺研究和发表的关系，才不会走到"为了发表做研究"的路上，科研行为才不会扭曲；也唯有这样，才能把关注的重心放在如何做好研究上，而不是把重心放在如何把文章发出来。否则，我们将会本末倒置。此外，我个人的判断是，只要学术发表的整体环境还没有恶化到黑白颠倒、是非不分，优秀的作品总是可以脱颖而出的。

正因为如此，在这个小册子里面，我觉得有必要正本清源，强调发表是研究的延续或者说发表是研究工作中的一环。根据这几年从事编辑工作的经验，我认为选题和研究设计实际上对发表有非常大的影响，而这一点似乎被不少作者所忽视。从逻辑上讲，一篇稿件的写作、论证、材料应用都可能在责编和同行专家的帮助下得到改善，但选题和研究设计是在一项研究肇始之初就已经确定的，出现问题是无法找补的，这是我专门将其提出来进行讨论的原因。

我无意重复众多教科书中已经讲过的关于选题和研究设计的知识，更不打算捧出教科书式的选题和研究设计指导。我将以学术期刊文章的发表为关照，列举我在审稿过程中看到的常见问题，从几个彼此相对独立的角度来谈我对选题和研究设计的理解和感悟。

3.2　发现空白：从现象到问题

3.2.1　选题概述

选题，就是选择要研究的问题。这个"题"通常指的是学理上的问题，而不是指现象层面或事实层面的问题。所谓现象层面或事实层面的问题指的是具体的、可观察到的现象，比如：网络社交在青年中很流行；农民工有不少开始全家流动而不是像以前那样仅是夫妻流动或个体流动；校园欺凌目前越来越多；校园"裸贷"现象频发；大学校园同性恋比例在上升；等等。但这些仅仅是现象，而不是问题。当我们试图对这些现象建立理论上的解释时，现象问题开始向学理问题方向转换。

在上面提到的现象中，如果我们探讨影响网络社交的机制、分析农民工流动模式转换的原因、为校园欺凌的发生建立一般性的解释或者为校园"裸贷"现象找到合宜的理论分析框架，那么，这个时候学理上的问题就开始凸显了。我们做的不仅仅是描述这些现象是什么样的，关键还要说明或者建构这些现象的发生机制，并且这些说明和机制建构建立在学科化的概念和理论基础之上，而不是用"大白话"来说明。

从研究目的对实证研究的类型进行划分时，可以把研究分为探索性研究、描述性研究和解释性研究。在人类学里，深描本身就是研究的基本手段之一。我在第 2 章中也提到，严谨的描述性研究有其独特的学术价值。但据我的了解，大部分的学术期刊刊发文章仍然以解释性研究为主，描述性研究刊发得很少，探索性研究则更少。从这一点可以看出，期刊刊发的文章并不反映研究者的所有研究过程。可能一项实证研究本身要经历探索、描述、解释等各个阶段，但从学术知识体系的发展来说，期刊更青睐解释性研究文章，因为这部分和理论的关联最紧密。

　　描述性研究只有当描述对象范围足够大或者有足够的代表性时，这样的描述才会被重视。例如，利用普查数据或者权威的抽样数据进行全国情况描述，这样的描述是受到关注的。又如，新生代农民工的总体人口特征、全国艾滋病人的分布、全国同性恋的分布等，这些也被广泛关注，但这种描述报告通常会由调查组织者或者赞助者单独发布，一般不会通过学术期刊来进行发布。如果是那种较小范围内的调查，比如针对一个省份或者一个地区甚至更小的区域进行调查，这样的描述报告，则其意义相对有限。你可以通过一个村庄的调查来探讨基层治理的问题，但你对一个村庄的统计描述可能就没有什么人关心。人类学的深描确有其独特的学术价值，但其篇幅往往超过期刊允许的范围，并且，深描也并非一般性的调查描述。

　　因此，在选题的时候，作者应该首先搞清楚自己要做一个什么样的研究。如果打算以一个描述性的研究报告作为学术发现的成果，那么就必须充分考虑描述对象所具有的代表性和描述报告的社会影响力。华人社会学家谢宇教授当年所做的《美国亚裔人口统计描述》是这一类描述的典型代表。如果是聚焦于解释的研究，那么就应该认真考虑选择一个什么样的研究主题，这个主题植根于作者所关注的现象，但并不等同于现象本身。

　　选题在研究工作中具有举足轻重的作用。不夸张地讲，一个好的选题等于成功了一半。好选题之于好文章正如好剧本之于电影——没有哪一部优秀的电影是基于烂剧本拍摄出来的。从期刊选稿的角度说，一个好的选题首先会让分稿的编辑眼睛一亮，也会让责编马上产生兴趣。2017年，我在一次分稿中看到一篇来稿，主题是关于青年焦虑。大家都知道，青年发展在近年广受关注，究其原因，主要是因为当下的中国青年面临着住房、就业、教育等多个领域的问题，改革进程的一些压力在青年身上有着集中的体现。也正因为这样，2017年4月，我国第一次以中共中央和国务院的名义，联合下发了《青年中长期发展规划（2016—2025）》。可见青年发展问题受到全社会的关注并非虚谈。青年焦虑问题实际上反映了青年对自身处境的态度，就我目力所及，在此前关于青年焦虑问题的研究基本上是空白。因此，在大致浏览全文后，我丝毫没有犹豫，马上将其列入通过初选的名单，并打算担任这篇文章的责编。第二天，我满怀希望地和作者联系，但收到的答案是"抱歉，已经有期刊通知我准备采用"。《青年研究》的分稿周期是1个月，通常会在每个月初集中处理上个月的所有来稿，因此，这位作者投稿等待的时间最多1个月。从这一点说，这位作者的投稿行为有不规范的嫌疑，但这个例子告诉我们，好的选题对于发表的确很重要，所有的期刊编辑都会紧紧盯住这一点。

从我接触的期刊来稿看，最大的问题在于选题雷同。许多稿件的选题集中在当前热门的研究领域，如社会分层、流动人口城市融入、青年就业、社会流动等。这没有什么错，但问题是这些来稿提出的观点和已有的研究相比，往往并没有什么明显的不同，有的只是换了一些数据。这样的作品更像是研究生的"习作"，只是证明了作者已掌握基本的研究方法和研究规范，至多是在补充证据的意义上传承学术，但离创新还有不短的距离。

那么，如何获得一个好的选题？好的选题不会"天上掉馅饼"，通常需要经过一个比较艰苦的过程。我归纳这个过程就是，读万卷书、行万里路，再加上习惯性思考。

3.2.2　读万卷书

中国有句古话，"读书破万卷，下笔如有神"。这句话就是讲写文章要多读书。不过，有一点还是要先说明一下。古人讲读万卷书，主要还是讲正统观点的传承和典籍的引用，这在"独尊儒术"之后尤其明显。古人写文章讲究引经据典，不读书是无法做到这一点的，所谓胸无点墨就是指人不读书、没有文化。譬如中国古人往往会借诗歌来表达情怀，也即曹操所言的"歌以咏志"，并且在诗词中多用典故；但近代的白话文运动以后，中国文言文逐渐被现代汉语所取代，现代人能写古体诗的越来越少，更谈不上用典。前两年，互联网上曾流行一首打油诗。它是这么写的："看这风景美如画，本想吟诗赠天下。无奈自己没文化，只能卧槽雪真大。"这首诗通篇无典，所以作者自嘲"没文化"。

尽管引经据典在现代学术写作中也不可少，但现代人做学术研究和古人读书做文章还是有差别的。差别在什么地方呢？这要回到第 1 章讲到的主题，那就是学术研究是在传承基础上的创新活动。从开展学术研究的角度来说，读书的实质是积累文献，这里的书不仅仅是指典籍专著，也包括学术期刊论文、学术会议文集乃至各类看起来和学术不沾边的"闲书"。这些"书"也许是研究者长期从事的专业研究领域内的资料，也许是专业领域之外的内容，但读书在这里的作用，完全应了古人说的"开卷有益"。通过读书，研究者可以了解别人做了什么，还有什么没有做，以及还有什么可以做。实际上，所谓的选题就是寻找学理研究体系中的空白点，这个空白点的发现过程跟中国山水画中的空白形成过程类似，是靠周边空间的填充来展现的。这个填充周边的过程其实就是读书。

通过读书来积累文献并发现学术空白的过程，实质上是一个梳理知识脉络、养成结构化思维习惯的过程，这个过程对研究者来说是必不可少的。

这里先从一个题外话说起。互联网上近来流行过一篇文章，题目大概是"一碗红烧肉告诉你本科、硕士、博士的区别"（可能因为转载平台的不同，也有使用其他相似题目的），文章主要描述了本科、硕士和博士分别是如何介绍红烧肉制作的，作者最后表达的核心意思是希望硕士和博士在专注于自己的研究方向时不要忘了专业之外还有更大的世界。

对于这篇文章的观点和立场，我这里不予置评。但这篇文章的内容从侧面涉及了一个问题，那就是学术知识的体系化。对研究生（包括硕士和博士）的培养，一个重要的要求就是要进行知识脉络的梳理，养成结构化思维的习惯，这是研究生和本科生的重大差别。在本科阶段，重要的任务是积累知识，并不要求将这些知识的关系梳理得十分清楚，但在研究生阶段，把知识的脉络搞清楚就是一个入门功夫了。

研究生就是要做研究。做研究就需要搞清楚，在选定的研究方向上——

前人做过了哪些研究？

谁最先提出这个问题？

是在什么样的背景下提出的这个问题？

其基本的观点是什么？

这个观点解决了什么样的问题？

同时又留下了什么样的问题或者说存在什么样的缺陷？

在最早的研究之后，又有哪些人继续对这个问题展开过研究？

他们的观点又是什么？

他们的观点和最早的观点之间有什么样的关系？

他们的观点对前人的观点有哪些修正和发展？

为什么要进行这样的修正和发展？

到现在为止，还有哪些人进行过这一问题的研究？

目前在这个问题上的主要研究结论是怎样的？

研究生必须要通过文献的学习（当然，也有讨论和交流）把这样一幅图景完整地勾勒出来，这才算完成对这个问题的初步探究。然后，研究者要站在这幅图景面前，仔细地揣摩它，就如一位画家站在自己的作品草稿面前那样，琢磨哪个地方需要修改，哪个地方还需要再添上一笔。这个需要修改或者添上一笔的地方，对于学术研究来说，往往也就是有创新空间的地方。

知识体系化能力的训练贯穿于整个研究生的教育过程中，每一门课程都是一次完整的训练，硕博士论文的开题更是一次实战演练。通过这样的训练，可以培养研究者感知学术问题的能力。

这里又讲一个小故事。著名指挥大师小泽征尔在一次参加指挥大赛的时候，觉得乐谱中某一个音节可能印刷错误，并要求乐队按照他认为正确的内容进行演奏。事后核查结果表明，小泽征尔的判断是对的。在我看来，小泽征尔之所以有这样的"感觉"，是因为他受到的音乐训练告诉他，一部优秀的音乐作品在那个地方不应该那样来表达，那个错误的记谱实际上违反了作曲的规律，从而显得突兀。如果小泽征尔没有深厚的音乐素养，他是不可能感受到这个突兀并对其产生怀疑的。

社会科学知识体系的积累和音乐素养的积累具有相似的机制。我们在阅读学术作品的时候，如果感觉某个地方存在着逻辑和思维的跳跃或者不连贯，往往也就是作者没有讲清楚的地方。从这一点来说，关于"和谐性"或者"不违和"的感觉对于音乐和社会实证科学研究来讲是同样重要的。

结构化思维习惯对于研究者也至关重要。结构化思维习惯指的是，当一名研究者思考某一个问题的时候，往往要关注一组相关的问题，而不会仅仅关注一个孤立的点。

我举一个例子来说明。假定一位研究者关注当下的农村基层治理现象，关心的选题是精英与乡村治理。那么这位研究者要研究的问题或者在未来的学术论文中要写到的绝不仅仅是"精英在治理中的表现"这一点，而是会提到一系列的问题，这些问题可能包括：

乡村治理的形态有一个什么样的发展历程？

精英是在何时、何种背景下进入乡村治理实践的？

哪些因素对这一进入过程具有影响？

精英在乡村治理中发挥了什么样的作用？

这一作用的实现和当下中国的法律体系、基层行政体系等制度性要素的关联是什么？

精英参与乡村治理在未来发展的前景是什么？等等。

只有把这些问题都搞清楚了，研究者才有可能把精英参与乡村治理的事情说清楚。尽管刚才提到的这些问题并不会全部或者以同等的笔墨纳入论文之中，但作者对这些问题的考量和判断会体现在论文之中，而编辑和匿审也会从字里行间"解码"到作者对这些背景性的考量和判断。

形容学术知识体系和结构化思维习惯对研究者的重要性，我有一个不太恰当的比喻——这两者等于一个安防系统的报警装置。当我们带着这样的知识体系和思维习惯去观察问题、分析问题时，会提高我们对于问题的敏感性，有利于我们意识到哪些现象有研究价值，这正如不速之客进入警戒区会触发安防系统一样，新的社会现象正是这些不速之客。反过来说，如果没有这个学术知识体系和结构化思维，研究者就会对新的社会现象熟视无睹，从而丧失发现问题的机会。

举个例子，老师带领学生到农村实习，学生往往觉得没有什么问题可以研究，而老师总能发现一些有趣的现象。比如，现在农村里面不少村庄盖了综合服务中心，农村的红白喜事都到这里置办酒宴或举行仪式。这意味着什么呢？学生们可能答不上来，但老师可能就会追问，以前村里有祠堂吗？以前红白喜事中主事的是谁？现在又是谁？以前请客请什么范围的人？现在呢？

老师能够提出这些问题实际上是因为他们头脑中有一个既定的知识框架在那里。老北大的张中行先生曾经有一句戏语叫"烙饼上看出太极"（张中行，1995:45），这本来是嘲讽的话，但如果放到这个环境下理解，则可以说，学生们不知道"太极"这回事，因此想不到太极；老师们知道"太极"，所以发现了类似太极的图案在烙饼上的存在。这个"太极"就是学术知识体系。当然，如果对社会现象过度诠释，那就落到张中行先生这句话的本意里面去了。

按照库恩（Thomas Kuhn）的范式理论，学术的发展可以理解为一个研究范式演进的过程，除了在范式转换的阶段，学术共同体大部分时间是在发展完善既有的范式。在这个过程中，传承是整体性的，而创新是局部性的。从这个角度说，读书是学术范式传承的基本途径。不过，本节的重点是探讨如何从既有的学理体系中找到可以创新的地方，就不对如何传承展开讨论了。

3.2.3 行万里路

从分析或者逻辑的层面讲，致力于从学术脉络梳理的角度找研究问题是开展实证社会科学研究的一种途径。开展实证科学研究的另一个途径则是从社会现实中去感知"特别的"现象，从而找到要研究的问题。这两种方法代表了实证社会科学研究的两种路数，分别是理论推演和扎根研究，这是社会学方法教学中经常提到的"科学环"中讲到的内容。不过，从研究的实际过程看，这两个路数往往是缠绕在一起的，除了纯理论的研究基本上是在理论文本之间徜徉，大部分的实证研究实际上是"两条腿走路"，即理论的学习和实践的感知并行不悖。因此，除了上面谈到的"读万卷书"，对研究者同样重要的还有下面要谈到的"行万里路"。

"行万里路"实际上是一个研究者的社会阅历问题。对于从事实证社会科学研究的人来说，社会阅历十分重要，它有助于作者意识到新的社会现象和问题，这是学术研究创新的另一个触发器。新的社会现象表明社会发生了变化，比如，在基层政治实践上，20世纪90年代曾经出现过直选乡长的尝试。有时候，一些现象消失也是一种"新"，比如说，在民间曾经流行的"打会"制度（注：指民间的一种金融活动，大家每月把固定的钱集中到一户使用，下月则把同样的钱给到另一户使用）在进入21世纪后在某些地方消失了。这些都是新的现象。这些新的现象往往会促使研究者去思考其背后的原因并进行研究和解释。

但是，辨识出什么是"新"是需要社会阅历的。民间有一句俗话讲，"没吃过猪肉，难道还没有见过猪跑？"意思是虽然很多东西没有亲身体验过，但至少听说过，这句话的意思是在为说话人的见识辩护。但现在很多情况已经变成了"吃过猪肉，但没有见过猪跑"。我这句话的意思是说，现在的一些研究学者对很多问题的历史不甚了解，而对历史的不了解使得人们对现实的感知也变得迟钝。

以前，农村盖房子是不需要请工人的，街坊邻居一起帮忙，房子基本上也就盖成了，回头房主请大家吃顿饭也就算表达了谢意，下次别人盖房的时候自己也去出力就是了，但现在不一样了。

又比如说，中国在 20 世纪 70 年代很多县城还没有柏油马路或水泥路，在 80 年代曾经流行过迪斯科和喇叭裤，也流行过给电影杂志写信追星，一张《中国电视报》全家轮流看，一台电视机吸引方圆几十米的街坊邻居，最早产生影响的摇滚音乐是崔健的《一无所有》，最早由官方引入内地发行的流行音乐不是邓丽君而是齐秦。再比如说，中国 1998 年曾经发生过抢购风潮，1992 年才开始推行借贷复式记账法，国税和地税曾经分分合合。更细、更地方化的知识则如，从新疆北部的霍尔果斯到南部的喀什在 20 世纪 90 年代要乘长途汽车走上三天三夜，从北京到乌鲁木齐的火车也要整整 72 个小时，等等。

很多知识都仅有那些经历过那个年代、到过那个地方的人才有确凿的掌握。这也即是所谓本地化知识，对于后来的人或者当地之外的人来说，这些往往是不被了解的。即使通过书本或资料中的描述或影像了解到，也无法完全体会那个年代的人们对当时状况的感知。因此，社会阅历在一个研究人员的思考过程中具有不可替代的作用。我这里用我在华中科技大学和学生交流的一段录音整理材料来补充说明（略有文字调整）。

曾经在农村做调查，老师带着学生。学生看到的是什么？学生看到村东头有一家小卖部，村西头有一家小卖部，然后又开了一家饭馆。可是当一个老师看到了，他想到的是什么？也许想到的是这两家小卖部加这一家饭馆，村长跟书记和他们是什么关系？如果你不是村长，你不是支书，你不是当地吃得开的人物，不是把握村里权力的人物，你是开不了饭店的。你开了也给你弄砸了，是吧？这样的生活阅历是我们在校的很多学生没有的。

我自己也犯过类似的错误。我刚大学毕业的时候，在第一家工作单位就犯过这种错误。做了一个小问卷，其中有一道题是问人家下班之后干什么。人家有好多事，但是我自己只想我自己下班干什么。看书、约着打台球、打扑克，做自己的事情，没有别的事情了。后来有一个被调查人员就给我加了一条，你们猜是什么？做家务啊。我当时是单身汉，我不是没家务可做吗？我想不到啊。因为每个人的阅历不一样，我完全是从自己的体验出发。当然可能我太笨了一点，有的人可能会想到，但是至少这是一个真实的案例。我当时没有想到（做家务）。

一个人的社会阅历会潜在地制约他的研究想象。社会阅历制约想象力是一个普遍的机制，并不仅仅指世代更轻的研究者不了解历史、无法理解过去的事情，从而意识不到很多问题。准确地讲，凡是研究者经历不到的事情都会对他理解这个事情有所限制。比如说，在当前，中国年轻人玩"抖音""快手"成风，"王者荣耀"等网络游戏也十分流行。如果一名年龄较大的研究者想去研究这个问题，需要进入到这些90后、00后的生活世界才能够比较准确地把握到他们的感受和想法，但实际上，年长的人很难做到这一点。90后、00后在举手投足中传达出来的微妙情感和感受对他们自身来说再自然不过，不过要让一名 70 后或者 60 后去理解，则恐怕要进行长期的参与观察和交流才行，并不是说年长的人作为过来人就能清楚无误地"解码"年轻人所有行为的符号意义。

当然，"行万里路"的含义还不仅仅限于社会阅历。它的更一般意义是强调从实践中去发现问题、寻找问题。举个例子来说，在互联网应用发展中，随着虚拟社区的兴起和网络技术的发展，人们可以选择不同的卡通形象来代表自己，这即是英文中所称的"avatar"，而在线聊天的表情符号也从早期的"：）""886""omg"等语言演化成为视觉图片（emoji）。这样一些现象实际上都为以计算机为媒介的沟通（computer mediated communication, CMC）提供了新的研究主题。再比如，在互联网兴起以后，人们发现有些在生活中沉默寡言的人在网上异常活跃，但也有的人不仅在生活中沉默寡言，在网上也很少与人交往，由此引起了心理学中关于外显人格和内隐人格的研究。这些都是新的社会现实触发选题的案例。

中国社会科学院社会学所的王春光研究员在回忆他的导师陆学艺先生时曾说陆老师有一句名言：做社会学研究的学者要"吃透两头，顶天立地，才能做出真学问"。陆学艺先生所说的"顶天"指的是了解国家政策，所说的"立地"是指要摸透基层。当然这一段话主要还是针对政策研究来讲的。我这里借用这一段话是想说，陆先生讲的"立地"，实际上对于实证社会科学研究的其他领域也是非常重要的。

3.2.4　习惯性思考

思考是一切研究活动的本质特征，研究活动本质上就是思考问题。对实证性的社会学科来说，其思考是和实证研究方法联系在一起的，涉及更多的实证调查、实验等研究活动。实证社会科学兴起之前的研究则更多的是以思辨为特点。

在日常生活中保持习惯性的思考对研究者来说是一个良好的习惯。尽管米兰·昆德拉说，"人类一思考，上帝就发笑"，但我理解这只是昆德拉对他所处时代的荒谬性的回应，不能用来否认思考的价值。没有思考，人类可能到现在也没学会保存火种，仍然处于茹毛饮血的原始时代，牛顿也不会发现万有引力定律，探求外太空的星际旅行更无从谈起。

对社会学也好，对人类学、政治学、法学、心理学也好，研究者要时时刻刻保持一种怀疑和反思的态度，这就是习惯性思考。前面讲了"读万卷书"和"行万里路"，但是，如果没有思考，"书"就还是"书"，"路"也就只是"路"。有了思考，才可能把书本知识和实践阅历的功效发挥出来。思考能让你在别人认为不成问题的地方发现问题，但这不是你某天心血来潮一下子发现了问题，而可能是你反思100遍、1000遍甚至更多次之后得到的结果。某些时候，反思跟投资里面的风险投资（俗称风投）一样，你投资很多项目，但成功的就那么几个，大部分可能没有结果，但从来没有投行因为这种情况而放弃投资。反思也是这样，你可能思考了很多问题，其中有些问题通过思考已经想通了，这说明既有的知识体系就能够解决你的问题；有些地方，你反思很多次也觉得还是有问题，那么可能就是下一步真正值得研究的问题。

在肯定了习惯性思考的价值之后，接下来的问题就是，思考的方向是什么？的确，思考不能漫无目的。孔子说，学而不思则罔，思而不学则殆。可见，在孔子的年代，人们已经意识到"思"和"学"的关系。换到本书的语境，可以这么来说，研究者的思考要和自己看的书及自己的阅历结合起来。当然，这只是解决了思考的方式问题，仍然没有解决思考的方向问题。这个问题实际上在米尔斯的名著《社会学的想象力》中基本上得到了解决。

《社会学的想象力》这本书很多研究者都读过。我认为，这本书为实证社会科学的研究选题提供了一个总体性的指南。在《社会学的想象力》之前，波普尔（Karl Popper）提出的"想象先于经验观察"已经从方法论上奠定了想象的地位，而米尔斯的建议则更加具体，对实证科学的研究选题更具启发。米尔斯主张研究者运用各种信息，通过理性的思考，建构对整个世界的理解，以求清晰地概括出周边世界正在发生什么，同时思考我们自己又会遭遇到什么。这个其实就是习惯性思考的方向。具备社会学的想象力的人，就更有能力在理解更大的历史景观时，思考它对于形形色色的个体的内在生命与外在生涯的意义。通过这样的思考活动，人们形成把历史、社会、人生三者综合起来看待世界的认识方式。米尔斯认为，不仅社会科学的研究者需要具备这种品质，从记者到学者，从艺术家到公众，从科学家到编辑，都应当拥有社会学的想象力。按照米尔斯的这一主张，人们反思的对象包罗万象，这实际上为研究选题提供了广袤的空间。并且，按照米尔斯的主张，人们将持续地卷入对现实和理论的反思。如果说，在米尔斯提出这样的主张之前，还只有研究者"为学术而学术""为反思而反思"，那么在此之后，反思就已经成为现代诸多职业的一个基本习惯，并融入到许多职业人士的日常生活之中了。而职业研究者和别人的不同之处可能在于，他们需要在反思的过程中更多地考虑自己所在的学科体系，自觉地将反思与学术创新活动结合起来。

3.2.5　重视交叉学科选题

交叉学科是指学科交叉形成新的研究领域。例如，法学和社会学的交叉形成法律社会学，政治学和社会学交叉形成政治社会学，心理学和社会学交叉形成社会心理学。学科交叉带来全新的问题，从而使得学术研究的范围得以扩展。在学术研究机构日益增加、学术研究队伍日益庞大、学术期刊发表日益拥挤的情况下，交叉学科的出现为发表提供了新的契机。同时，交叉学科的出现在一定程度上也有利于缓解杨振宁教授谈到的"铜矿时代"问题。

我在北大读研究生时曾经历过一件事情。2005 年的时候，我参加郭志刚老师的高级统计学专题讲座课程，有一位法学系的研究生过来旁听，当时大家也都没有太在意。等到课程结束的时候，这位同学使用课程上学到的量化模型知识，对司法立案的情况进行了一项量化分析，论文很快在《法学研究》上发表了。《法学研究》是中国法律学界的顶级期刊，在上面发表论文自然不易。这篇文章用到的定量分析模型在社会学里面是非常普通的，但由于法学领域没有量化研究的传统，将统计模型应用到司法立案分析中的确是一个创新，这样的研究自然得到了重视和认可。当然，现在以"法律量化""法治量化"为名的各种研究已经快速兴起，要想再发表类似的研究可能就不那么容易了。但这个事例说明了交叉研究领域的出现、不同学科之间方法的借用都可能带来新的"金矿"。

再举一个法学和社会学交叉学科的例子。《青年研究》2017年第3期曾经发表过一篇关于青少年犯罪矫治的文章，题目是《青少年犯罪矫治的社会功能与法律模式——一个社会系统论的视角》，作者当时还没有毕业，是一名在校的博士生。这篇文章在2017年的1月中旬投稿，2月初分到了责编手里，匿审专家的意见返回得也非常迅速，给出的意见是"略改"。由于《青年研究》的第2期当时已经定稿，该文章就纳入了第3期发表。从分稿、责编、二审、匿审到终审完全是一路绿灯。

为什么这篇文章这么顺利？完全是因为这篇文章的选题。作者从社会系统间的结构耦合机制角度来分析青少年犯罪矫治的问题，认为现代社会的功能分化，导致处理未成年人犯罪的不同系统之间不可避免地产生系统理性的冲突，作者认为现有未成年人犯罪的法律制裁与改造未成年人的社会政策存在系统冲突，从而导致既有的未成年人矫治工作存在困境。作者提出，未成年人犯罪处遇可以通过系统论进行分析并改造，建议引入具有未来事项判断的反思法模式和关系性程式，从而弥合犯罪惩罚与犯罪人处遇之间的矛盾。以前同类研究将重点放在青少年法律矫治的法理以及技术层面，这篇文章的研究视角则完全不同，作者跳出了既有的研究框架，但又和既有研究保持了对话，从系统耦合这个核心概念出发，在学理上勾勒了一幅新的图景，所提的建议对实务工作也非常有启发，因此论文得以顺利发表。

这一例子也让我想起了托尔斯泰的一句话，幸福的家庭家家相似，不幸的家庭各有不同。这句话借用到期刊文章评审中的意义就是，好文章都具有相似的一些特征，比如说选题有独到的眼光，文章文字表述干净利索，而不成熟的文章则可能各有各的问题。

3.2.6   学理导向和实际问题导向

华人社会学家周雪光教授在 2018 年 11 月 12 日曾经发过一条微博，其中提到中国社科学术研究和西方社科学术研究呈现两种不同的风貌。原话如下：

> [感想] 京城一月余几个感慨：1. 各种学术活动令人应接不暇，犹如一个巨大的漩涡，一旦卷入，身不由己地急剧旋转下去，难以自拔。需要有相当定力和清楚头脑方能营造属于自己的学术环境。2. 与学者友人间的互动，听到有关网络社交空间、政府、金融、财政、公共政策、城市空间等研究工作，很有收获，羡慕学术界朋友有如此令人兴奋的研究课题和机会。3. 就接触到的几个领域来看，

国内学术研究的风格特点鲜明突出，似乎已经成型，即实际问题导向，而不是学理导向的学术发展。因此，研究课题随新的实际问题的出现而不断外延，日新月异，犹如北京的环城路不断向外扩展，学术空间不断扩展，但无暇向深处开掘，无暇与已有的相关研究建立学术传承关系，难以形成学术积累和系统知识。这一点与西方社会科学学术传统形成对比。两种不同的学术风格和取向，来自不同的社会情境和文化传统，孰优孰劣，优劣所在，有待思考。

周雪光教授在这里提及了一个很重要的问题，就是当下的中国社会科学研究呈现实际问题导向而不是学理导向。为什么会出现这种实际问题导向？我认为有三个原因。

第一，中国社会科学整体上在理论和方法方面还有欠缺。当代中国社会科学是在1979年邓小平讲了那句"政治学、法学、社会学以及世界政治的研究，我们过去多年忽视了，现在也需要赶快补课"的名言之后才逐步恢复发展起来的。从实际情况看，社会科学的人才队伍和研究传统在很长一段时间内都是缺失的，说是"补课"一点不过分。

就以社会学这个学科来说，直到20世纪90年代中期才由北京大学的杨善华教授带领李猛、李康等人编写了国内的第一本社会学研究生理论课程教材，而国外教材的大规模引进则基本上是进入21世纪之后的事情。社会学研究方法的发展同样如此。20世纪90年代中期，中国社会科学院社会学研究所在美国福特基金会的资助下，邀请华人社会学家林楠、廖福挺等人开办了社会学方法的培训班（也就是社会学领域里经常提到的"福特班"），为中国培养了第一批量化研究的人才。但量化研究在中国的大规模推广一直到了 2007 年之后才逐步得到实现，当时美国密歇根大学的华人社会学家谢宇教授在北京大学 - 密歇根大学联办学院的平台上开设了"中国计量社会学研究项目"，邀请美国的定量研究专家在北京大学开设暑期课程，吸引了一大批年轻教师和学生前往听课。此后，中国人民大学、中山大学、上海大学、西安交通大学等也陆陆续续开设量化课程的暑期班，从而有了量化研究的快速普及。从我的观点来说，中国社会学目前还没有完全摆脱当学生、消化吸收西方研究传统的阶段，在这种情况下，要想做到和既有理论体系对话、形成学术积累和系统知识是有一定困难的。

第二，中国问题有一定的独特性。中国近 40 年的发展历程是一个压缩式展开的过程，至少从经济方面来看，中国在 40 余年时间内走完了西方国家几百年走完的历程，相应的社会变迁也十分剧烈。同时，这一切都发生在一个具有 5000 年文明历史的国度之中，又带着 1840 年以来的历史烙印，所激起的社会问题涉及的范围十分宽广。这些社会问题有一些可能是西方发展历史上曾经遭遇过的，有一些则具有中国特定的问题土壤。

举个例子来说，世界各国的城市化进程中都出现过移民问题，这是中国与世界其他国家的共同之处。但城市化过程中的户籍问题、村改居过程中的基层治理问题，则是在中国特定历史环境中产生的。这些在特定历史环境中产生的问题，就难以在西方既有的研究中找到明确的理论对话对象。因此，在研究实践上会出现浓厚的扎根理论倾向，由此发展出来的概念和理论往往和西方既有的理论传统并不完全一致。这也是最近十年来一些学者提出"中国气象""中国研究"此类主张的原因之一。

第三，目前中国的社会科学研究在很大程度上是直接服务于政府和行政系统。本来，学术研究的直接目的是发展知识体系，有些学者甚至视其为终极目的，不过从历史上看，学术研究的成果总是以这样或者那样的方式服务于社会。直接服务于政府和行政系统是当前中国社会科学研究的一个重要特征，有兴趣的读者查阅一下国家社会科学基金每年资助的项目，从这些项目的题目上就可以发现这一点。在教育部及其他部委的招标课题名录中也可以发现这个倾向。由于在项目立意上与行政系统和行政工作过"近"，从而导致项目偏向于解决实际问题，而不是相对独立地积累知识。我认为，这正是周雪光教授在微博中提到的"研究课题随新的实际问题的出现而不断外延"这一现象的原因。

要申明一点，本人从不反对社会科学成果服务社会，但是我觉得应该处理好一个短期和长期的关系。所谓短期，就是指科研直接面向行政体系服务，帮助行政体系解决急难问题；而所谓长期，则是强调学术研究要建立完善的知识体系，从而可以更持久，并在更为基础性的意义上为社会提供服务。如果科研工作对行政亦步亦趋，那么会在不知不觉中丧失自己的立场和节奏，最终失去为社会服务的能力。

3.2.7   选题余论

除了上面讲到的这几点，另外还有两个问题也值得注意。这里一并提出来供大家参考。

第一个问题是重视学术动态。学术动态指的是学术共同体内举办的各种学术交流活动，包括学术会议、论文工作坊、期刊的选题会，等等。这些学术会议研讨的主题反映了当前学术共同体的共同关注，可以指示出在哪些领域之下还存在没有完全搞清楚的问题，还有继续讨论和挖掘的空间。以此为依据，所选择的研究题目就是有意义的，从而发表的可能性也更大。

最近几年来，随着学术协作体系的演进，各类研究机构和学术期刊编辑部之间的关系越来越紧密，不少研讨会都会邀请学术期刊编辑部的人员参会，从而增加了研究者和期刊编辑直接沟通的机会。有一些研讨会甚至是由研究机构和期刊共同主办的，这种情况下，期刊编辑部从会上寻找优秀稿件的意图就表现得更加明显，这其实也是期刊编辑部为了解决高质量稿源缺乏这一困境在主动出击。

第二个问题是想强调一下"工夫在诗外"。"工夫在诗外"是宋朝诗人陆游提出来的，其本意是说，学习作诗，不能就诗学诗，光学习诗歌的辞藻、技巧和形式是作不出好诗的。从古代的教育来看，小孩子从小就开始诵读《三字经》《笠翁对韵》等书籍，但背熟了"云对雨，雪对风"并不意味着就能写出好的诗歌，真正传世的佳作无一不是以意境取胜。陆游的"夜阑卧听风吹雨，铁马冰河入梦来"，李清照的"至今思项羽，不肯过江东"，李煜的"故国不堪回首月明中"，每一首作品都有上佳的意境。那么，这些意境是哪里来的呢？对诗歌来说，是这些作者的经历和思想使得他们创造出了这样的作品。如果陆游没有数十年抗金的经历和强烈的爱国思想，他写不出这样的佳句；如果李清照没有"靖康之变"之后的颠沛流离和早年士大夫家庭的教养，也难以写出如此气象的五言绝句；同样，如非视亡国为奇耻大辱，恐怕后世也读不到李煜的这首《虞美人》，只可能看到更多的"乐不思蜀"。

对学术研究来说，"诗"意味着基本的学术训练，包括学术知识、学术规范、逻辑推理能力、学术写作技术等，而这个"工夫"则是作者的见识和思想修养，和社会阅历也有紧密的联系。有时候，一个选题的形成和作者的日常学术训练并没有直接的关系，而是受到学术训练之外的因素启发和激发。多年前有一位社会学家在读博士期间到西南某县挂职锻炼，在这个过程中，该学者注意到了当地水电站建设中的移民问题，因此进行了深入的研究，写出了后来颇具影响的《大河移民的故事》。这本书的影响不在于它所使用的方法，也不在于它的理论，而在于它在当时的历史环境下正视了政府与民众之间的某种程度的利益背离，公开地表达了对民众利益的关心和支持。另一位社会学家在中部某地挂职时，对当地的县城家族政治现象进行了极为细致的考察，其作品也轰动一时，受到了广泛关注。我相信，多年以后回头来看，这部作品对中国当代基层社会的政治生态研究的贡献将会是历史性的。

我这里想对读者说的是，中国是一片实证科学研究的沃土，

40 余年的改革开放给中国带来巨大的社会变迁，同时中国又处于全球化进程之中，这种情况给研究中国社会的学者提供了巨大的想象力空间。这一点正像 20 世纪 80 年代以前的美国社会学界，在那个时期，诞生了像《大萧条的孩子们》《代沟》《白领阶层》《社会学的想象力》《欧洲和美国的波兰农民》这样的经典著作，也形成了结构功能理论、冲突理论这样对后来的社会学具有深刻启发的理论。美国的这一段社会科学发展历史启示我们，研究者如何面对时代，实际上取决于自己的眼界和思想。清人沈德潜在《说诗晬语》中有一句话，说"有第一等襟抱，第一等学识，斯有第一等真诗"（叶燮，2005：187）。这句话如果用到当下的实证社会科学研究中，实际上是说研究者还是要恪守知识分子的良知和学术操守，紧密结合时代，直面真问题，这样才能做得出真学问和好学问。如果把目标仅仅定于实现发表、完成考核任务，则会走到另外一条路上去。

3.3　研究设计中的常见问题举例

3.3.1　研究设计概述

研究设计在实证社会科学研究中十分重要。选题确定之后，研究设计的好坏就是影响研究是否成功的关键。如果研究设计有问题，研究通常不会成功。并且，研究设计一旦开始执行，基本上就无法更改，这时即使发现研究设计有问题，最好的选择也只能是终止研究。尽管很多研究者不愿意承认，但就我的了解来讲，社会科学实证研究里面有不少是失败的。这其实很正常。在自然科学研究中，也不是每项研究都成功。实证社会科学如果要标榜自己的研究都是成功的，不免贻笑大方。我的看法是，与其拼命为自己辩护，不如坦率地面对错误和失败，找出原因，在今后的研究中尽力避免。

佩达泽和施梅尔金（Pedhazur & Schmelkin, 1991：211）指出："'设计''研究设计''实验设计'和'调查设计'这些术语被不同的作者和研究者以不同的方式使用。有的人用的是狭义，基本上指的是'分析'，而另一些人用的是广义，涉及到研究的所有方面，包括测量、抽样、环境、资料收集、分析和理论表达，等等。所以，研究设计的书籍在所涉及的环节和具体强调的内容上都是变化的，这一点也不难理解。"由这段话可以看出，研究设计这一概念有一定的含混性，往往无所不包。为了讨论方便，我这里的**研究设计**重点指：**研究者为了解决所提出的研究问题而制订的一整套收集、分析资料的方法和技术**。基于这些方法和技术，我们可以判断研究的类型，例如，是实地研究还是实验研究，是描述性研究还是解释性研究，等等。

前面说过，我认为不少来稿中所体现出来的研究设计是有问题的，至少文章看起来是这样，这些问题一旦被严格的责编和匿审发现，稿件发表的可能性就大大降低了。因此，我觉得将这些问题提出来探讨可能对大家今后有些帮助。但因为研究设计问题涉及的面很广，逐一讨论不现实，所以我主要讨论测量问题、抽样问题、第三方资料分析问题，其他的问题也会提及，但不会展开讨论。

3.3.2　测量问题

测量问题是实证社会科学研究的阿喀琉斯之踵（Pedhazur & Schmelkin, 1991：2）。不管是定量研究还是定性研究都是如此。也许会有人说，定性研究中没有测量问题呀，我一不用问卷，二不用量表，只是访谈。其实，**定性研究是以研究者（访谈者）为测量工具来对被访者进行测量，只不过所得的结果不用数字来表示，而是直接转成了研究者的评价和判断**。在定量研究中，测量随处可见，我们平常经常使用问卷询问被访者的行为和态度，有时是用单个的题目，有时则会使用各种量表，还有的时候会使用更复杂的形式，如看图进行选择。

这里我想强调的是，在这些貌似"科学"的测量过程中隐藏着各种各样的问题。这些问题我们并不能完全消除，至多是尽力降低其影响。对于研究人员来说，最可怕的事情不是没有消除这些问题，而是没有意识到这些问题的存在，从而对测量的结果持一种奉为神明的态度。教科书已经非常清楚地告诉我们，每一项测量都有其效度和信度，对测量信度和效度的关注和反思应该贯穿整个研究的始终，但遗憾的是，很多研究者并不是这样。我举几个例子来说明。

第一个例子是收入测量问题。在很多研究中，个人收入或家庭收入都是重要变量，要在研究过程中进行调查。调查通常直接询问对方的收入，获得数据后进行统计分析。这样做有风险吗？很有风险。风险在什么地方？风险就在于，不同的人听到收入两个字的时候，他内心的理解或者脑袋里面想到的东西是不一样的。有人会只想到自己的工资，有的人想到的除了工资，还有炒股的收入、父母（或子女）支持的钱财，有的人还会想到年终奖，甚至有的人还会想到出售房子的收入。如果人们按照不同的理解来回答自己的收入或者家庭的收入，那么由此得到的变量的效度就成问题了。这样的变量用到后面的分析中很可能会对结果产生影响，有时候甚至让人们得到相反的结论。这表明，收入测量的效度有问题。怎么克服或者减小这一影响呢？通常的做法是将收入分解成为多项来源，询问每一项上的收入，然后在分析的时候再把这些项目加起来，这样的结果比起直接问要好得多，有利于将大家理解的差别减小，同时也会使测量的数值相对准确。对于支出的测量也有类似的思路。其实，早在李景汉做定县调查的时候，就已经使用记账本来测量支出。现在的统计局在进行收支统计调查的时候，所选定的样本也要使用支出账簿来详细记录支出的情况。但是，一些研究者在自行收集数据时并没有严格按照这些办法来执行。

第二个例子是问卷问题的设计。2017 年，有研究机构到重庆某区县进行扶贫调查工作，调查由重庆某大学执行，调查员是来自该大学的学生。调查问卷中有这样一道题目，大意是问农民去年是否领到了下列款项，然后列出了长长的一项清单，结果很多农民表示一头雾水，难以回答。我认为问卷设计者可能忽略了几个问题。第一个问题是，农民通常对交了什么钱、交了多少钱记得比较清楚，对发了什么钱记得不大清，尤其是这些钱是在一年的跨度内发的，或许时间近的还记得，时间远的就不记得了。第二个问题是，该县是一个劳务输出大县，留在农村的基本上都是老人和小孩，且农村老人的教育文化水平都比较低，记忆力也有限，这就更加不能保证回答的准确性。第三个，目前农村很多钱都是直接转账到农民的账户上，有的钱可能是现金发放，但哪一笔是现金，哪一笔是转账，这更是说不清的事情。综合这几条，我认为这道题的设计有问题，说明问卷设计者前期没有很好地开展试调查，问到的结果会导致测量的效度和信度都出现问题。

第三个例子，满意度测量问题。对满意度通常使用五点量表来进行测量，并使用 1~5 来分别代表"非常不满意""比较不满意""一般""比较满意""很满意"，有时候也使用 4 点量表或者 6 点量表，前者是去掉了"一般"选项，后者则是去掉"一般"选项后再对称地在两侧加上两个选项。我这里要讲的具体案例也是发生在第二个例子提到的调查中。这项调查用五点量表来测量农民对相关政策的满意程度。结果当地的农民很多回答"还可以"，然后访问员就在问卷上记录了"一般"，这实际上很成问题。在当地，当人们说"还可以"的时候，实际上是表示了还比较满意；如果他们真的想表示满意程度"一般"，他们通常会说"马马虎虎""勉强过得去"之类的话。如果将"还可以"归入"一般"，那么这个满意度的评价实际上是低估了真实的情况，由此造成了系统性的测量偏差。但研究者可能对此毫不知情，由此得到的数据自然使得后续的分析工作和政策评估、政策建议不那么可靠了。

　　关于测量的信度和效度还有很多的例子。编辑可以从一部分投稿的行文中发现或推测出有的测量没有考虑受访者的能力。例如，让教育程度低、自理能力差的人回答一些问题；使用缺乏经验的访员去开展调查；测量过程受到外界干扰；等等。基于这样的测量得到的数据质量堪忧，所得出结论的可信度自然要打一个问号。这里有必要申明一下，学术期刊编辑并不会苛求作者把这些问题彻底解决掉，因为谁都无法彻底解决这些问题。但学术期刊编辑希望从文章中看到作者对这些问题的自觉，以及为解决这些问题拿出了什么样的办法。我在2018年参加中国第十三届博士论坛时担任一个讨论主题的点评人，武汉大学的刘燕舞就中国农村居民的自杀问题的研究做了发言。在这个发言中，他详细地解释了他为什么一个村一个村地去通过访谈来收集自杀案例，指出了官方统计资料中存在的缺陷（例如，医院关于自杀的统计数据只包括那些被发现后送去抢救的案例）。在点评中，我特意对他的方法提出肯定意见，而他也提到，他关于这个主题的一篇英文期刊文章，特意撰写的方法说明长达三页纸，最终得到了期刊编辑的认可。

3.3.3　抽样问题

　　抽样问题是和总体、样本、加权这样一些问题联系在一起的。

在实证社会科学中，通常采取抽样调查来开展研究，这时所调查的对象构成了总体的一个样本。研究者内心的理念是，这样的样本具有代表性（概率抽样）或者典型性（非概率抽样）。关于如何保证代表性和典型性，各种教科书上提出了明确而成体系的办法，因此这里我不进行具体的介绍。我要说的是在一些稿件中反映出来的作者对相关概念认识的模糊性。

一篇来稿说，作者在一个村庄开展实地研究，对全村所有的人进行了抽样调查，共收集了若干个样本。有没有问题呢？这句话实际上是有问题的。第一，按照作者的描述，全村的人是总体。但如果全村人是总体，对全村所有的人进行的调查就不是抽样调查，而是普查。至于说有人不在家或者接触不到，那是另外一个问题。第二，因为作者没有意识到全村人就是总体，因此在后面还继续用调查分析的结果来推论总体，这就更说不过去了。如果推论总体，那这里的总体是什么呢？第三也是最核心的一点，作者没有搞清楚这个村庄在自己的研究里是一个什么角色。实际上，这个村子是一个案例，作者通过对这个（可能具有典型性的）案例来理解有关村庄治理的问题。在这个村庄开展的问卷调查是资料收集方法，和访谈、小组座谈等研究方法起到的作用类似，这跟那种先在定性基础上提出假设然后用定量方法去验证假设的情况是不同的。

另外一个问题是如何选择访谈对象。从不少定位于定性研究的稿件来看，研究者在选择访谈对象时多少显得有些随意。我们知道，有些时候，访谈对象的选择余地不太大。比如说，你要到一个村里面去了解村委会在近年来如何跟乡镇政府打交道，那么你的访谈对象相对比较明晰，基本上就是村委会的干部。但有些时候则有一个如何找到最佳访谈对象的问题。比如说一名在校学生要去研究大学生中的消费偏好问题。谁是最合适的人呢？应该是那些消费达人。但很多人就随便找几个同班同学访谈，这显然也是有一定问题的。

自行收集数据的问题。对于定量研究，所使用的数据通常有两种情况，一种是使用第三方或者公开发表的数据，另一种是使用自己收集的数据。在 CGSS、CFPS、CSS 等全国性的调查开展以后，使用第三方数据的研究越来越多，但仍有不少研究使用的是自行收集的数据。通常来说，如果使用自行收集的数据，作者需要在研究报告中交代数据的收集过程，包括样本框、抽样方法、访问方法（面访、在线调查、电话调查）等情况，并报告样本的相关统计量，从而使得读者对数据有一个整体的了解。但从一些来稿的内容来看，作者要么对此语焉不详，要么从介绍中可以看出资料收集过程不严谨或不完善。比如说，样本量相对偏小、没有明确的抽样方案或通过网络自愿填写方式收集资料，等等。

这里尤其要强调一下使用网络自愿填写方式收集资料可能出现的问题。人们有上网和不上网两种情况，同时上网人群有愿意和不愿意接受调查两种情况，这就导致网络调查普遍存在着较强的选择性偏误，即便是对专门研究网络问题的调查来说也是如此（因为不同的网民接触到网络调查平台的可能性并不一样）。如果网络调查的样本非常大，比如说，几万甚至数十万以上，那么在一定程度上可以弱化这个问题的影响，但如果网络调查的样本规模不够大，则选择性偏误将对结论产生难以估计的影响。

此外，在使用自行收集的数据的时候，作者要清楚地知道所收集的数据仅仅只是一个样本，这个样本来自于哪个总体，在什么范围内具有代表性，是需要特别注意的。你在三个省份抽样得到的样本基本上就只能将那些描述总体特征的统计量推论到这三个省份。但如果你用这三个省份的数据来验证假设，那么不管假设是否得到支持，都是在为你所研究的理论问题贡献新的案例。

3.3.4　第三方资料

使用第三方资料在现代研究中越来越多。这个跟学界对资料的科学性要求日益提升、资料收集难度日益增大及数据收集成本日益增高都有紧密的关系。不管是定量研究还是定性研究，在使用第三方资料之前都应该对数据进行深入的了解，从而避免对资料的误用或者应用不充分。并且，有一些第三方数据直接跟研究者的研究设计有关。研究者必须事先清楚地知道第三方数据能做什么，不能做什么。如果不知道或者知道得不准确，研究设计也会成问题。

对于量化分析来说，如果使用第三方数据，作者需要仔细了解第三方问卷的内容结构、抽样方法、加权方案等内容。规范的第三方数据机构通常除了提供数据外，还会提供相应的编码手册（code book）、抽样加权方案等相关文件，这些文件对正确应用

数据来说是前提条件。我在第 2 章中讲匿审的作用时曾经举过一
个关于 CGSS 数据应用的案例，那个案例表明了准确清楚地了解
第三方数据的结构和变量内涵的重要性。这里我再举一个例子。

《中国多世代人口数据库——辽宁部分（CMGPD-LN）》是
美国社会学家李中清教授主持的一个项目，该项目将清代辽东地
区的户籍资料电子化，建立了一个庞大的数据库，里面包含 150
多万条记录，提供了 1749—1909 年生活在辽宁省的超过 26 万位
居民的社会经济状况、人口统计及其他相关信息。这些居民分布
于辽宁北部、中部、中南部、东南部等现今位于辽宁省核心走廊
区域的约 700 个村庄。这样一个数据库对于描述特定的旗人群体，
开展历史学和比较社会学的研究具有重要意义。但要应用这样一
个数据库，需要研究者对其中有什么变量，每个变量测量的内容
是什么，以及大致的数据缺失情况非常了解。同时，对于这些变
量可以进行哪些改造和变换，能够构建出哪些新的变量，也需要
研究者花时间去探索。在这个基础上，有可能做出一些有意思的
东西。例如，基于这一数据，王磊（2014）进行了关于"分家"
的研究，这项研究利用双城地区的数据，运用离散时间事件史分
析技术考察晚清 (1866—1913 年) 东北双城旗人移民的分家与老年
人死亡风险的关系，研究发现分家增加了老年人的死亡风险，尤
其是增加了男性老年人的死亡机会比率，同时发现儿子数量越多
的老年人其死亡机会比率越低，这反映出传统社会中儿子在提供
父母养老资源方面具有重要意义。在这个例子里面，事先知道《中
国多世代人口数据库——辽宁部分（CMGPD-LN）》里面有什么

样的变量实际上很关键，如果没有死亡的具体时间和分家的具体时间，是不可能设计用事件史分析方法来进行分析的。现在，一些致力于提供公共数据的机构往往也会组织各种推广数据的活动，常见的如专门的研讨班，来让更多的人了解数据。

最后一个例子是互联网研究中大家经常提到的《中国互联网络发展状况统计报告》，该报告由中国互联网络信息中心（CNNIC）从 1997 年 10 月开始发布，后来发布的时间基本固定在每年的 1 月和 7 月，到 2019 年 4 月已经发布了 42 次，是研究国内互联网发展状况的重要资料。不过，可能很少有人注意到，CNNIC 发布的数据里面，年龄和教育程度这两个变量的描述方式各年并不一致，见表 3-1。

从"年龄"看，基本上前 4 次调查使用了同样的年龄口径，第 21 次之后的历次调查使用了另一套年龄口径，两套口径之间最大的差异在于，第 21 次之后的调查口径对老年和幼年人群划分得更为细致，这可能是由于老年网民和幼年网民的比例都有所增加，有必要进行一步的区分。而第 19、20 次调查的口径相对独特，其年龄划分将"18—24 岁"作为了一组，"18 岁以下"作为了一组。而教育口径的变化主要在于，随着时间的推移，教育程度向下划分得越来越细致，到第 21 次之后，"小学及以下"作为一个独立的分组从"初中以下"独立了出来。第 1 次调查时没有考虑受教育程度，第 2、3 次将最低受教育程度设为"中专以下"，从第 4 次调查开始区分大专和本科，第 19 次调查时将最低受教育程度设为"初中以下"，而此时正是移动互联网开始兴起的时候。

表 3-1　《中国互联网络发展状况统计报告》中的年龄和学历划分标准

	第 1 次	第 2、3 次	第 4 次	第 5—18 次	第 19—20 次	第 21—42 次
年龄	50 岁以上	50 岁以上	50 岁以上	60 岁以上	50 岁以上	60 岁以上
	41–50 岁	41–50 岁	41–50 岁	51–60 岁	41–50 岁	50–59 岁
	36–40 岁	36–40 岁	36–40 岁	41–50 岁	36–40 岁	40–49 岁
	31–35 岁	31–35 岁	31–35 岁	36–40 岁	31–35 岁	30–39 岁
	26–30 岁	26–30 岁	26–30 岁	31–35 岁	25–30 岁	20–29 岁
	21–25 岁	21–25 岁	21–25 岁	25–30 岁	18–24 岁	10–19 岁
	16–20 岁	16–20 岁	16–20 岁	18–24 岁	18 岁以下	10 岁以下
	15 岁以下	15 岁以下	16 岁以下	18 岁以下		
受教育程度	(未报告)	博士	博士及以上	博士	硕士及以上	大学本科及以上
		硕士	本科	本科	本科	大专
		大专—大本	大专	大专	大专	高中 / 中专 / 技校
		中专以下	高中(中专)	高中(中专)	高中	初中
			高中(中专)以下	中专以下	初中	小学及以下
					初中以下	

数据来源：中国互联网络信息中心，《中国互联网络发展状况统计报告》（历次）

由于手机上网开始流行，一些受教育程度较低的人群开始上网，这使得向下细化受教育程度有了必要。了解了这一差异，我们才知道各年数据能够做什么，不能做什么。例如，用 1997 年 10 月的数据来分析教育程度对上网行为的影响显然就不可行。

3.3.5　分析问题

分析问题在学术论文写作中具有很重要的作用，若稿件因为分析出现逻辑问题则很容易被责编或匿审专家直接否定。学术论文逻辑的建构正是通过分析工作来完成的。这里我主要讲两点。一是定量研究应用中的几个问题；二是如何处理背景（context）这个问题。

最近二十余年来，随着量化分析在国内日益流行，期刊来稿中的定量研究稿件增加了不少。从我接触的稿件看，我觉得这一块有几个地方要注意。

首先，不要混淆统计上的关系和事实上的关系。定量模型主要通过统计描述和统计检验来和既有的理论对话，不过，要注意统计上呈现出来的关系与现实中的关系并不完全是一回事。举个极端的例子，两个地区的人均月收入差异只有1毛钱，但如果你的样本足够大，这样的差异在统计上可能也是显著的。但我们知道，月收入相差1毛钱，实际上对人们的生活基本上没有影响。而对于假设验证来讲，很多研究者往往忽略了一个事情，对各种系数的统计检验结果仅在给定的（specific）模型下是有意义的。也就是说，我们常见的模型拟合结果与我们的模型设定有紧密的关系，模型中变量的系数仅在这一个模型中才有意义。比如说，我们经常讲人的教育程度每提高1年，收入会增长多少，这一点是在给定的模型下才成立，如果不是这样的模型则不一定成立。所以，大家在读英文的量化研究文章时经常会发现，作者往往是用"分析结果建议"（It suggests that）这样的表述来呈现自己的发现，而不是直接说发现了什么因果机制。因为我们知道，大多数基于个体数据的模型的解释度（各种 R square）都不是很高，这其实表明有许多对因变量具有影响的因素还没有纳入到模型中，也即是说，省略变量的风险一直是存在的，只不过我们还没有确切地找到那些变量而已。

其次，假设的推演过程要严谨清晰。许多定量研究的文章把模型的呈现及统计检验结果的解读放在讨论中心，而假设的提出部分则相对单薄。我认为这是不对的。我个人的见解是，提出假设的部分应该比后面更重要。很多人在假设提出部分的行文十分仓促、生硬，给人的感觉是这些假设并不是从既有的理论中推导出来或者说"长"出来的，呈现所谓"两张皮"的情况，我认为这是对文献的思考理解做得还不够的表现。大部分常见的定量分析结果实际上在同行眼里一看就明白，用简单的话把其中关键的结果说清就行，把有限的期刊篇幅用于不厌其烦地解说模型拟合的结果，绝非上上之策。另外，和提出假设部分对应的是分析结果呈现之后的讨论，这部分其实需要对提出的假设进行回应，也不宜篇幅太短。毕竟，统计检验只是整个论证的一个环节，整体上来说，仍然要回到学理的讨论。

最后，要警惕那种片面追求复杂模型的倾向。我看到过一篇文章，讨论影响青年人互联网使用的一些机制问题。作者提出了一个见解——既然要回答的问题是互联网如何影响青年人，那么就应该考虑到有些青年不上网这一事实，上网的青年和不上网的青年之间有一个样本选择性的问题，所以需要加以克服，因此首先要使用赫克曼（Heckman）两阶段法进行加权，然后再进行下一步的分析，由此得出来的结论才能在整个青年群体的意义上去讨论。这个想法初听起来是很有道理的，但如果我们仔细想一下，既然这些青年都不接触互联网，那互联网对这部分青年有真正的影响吗？如果没有真正的影响，非要通过统计的办法把他们考虑进来，由此提出来的"影响机制"又有什么意义呢？

在学术论文的分析中，另一个特别重要的东西是对问题背景的把握。我个人的看法是在讨论很多问题的时候，我们需要一点点历史感。怎么理解这个历史感呢？就是说，我们应该意识到，任何一个问题都有具体的历史背景，同时，任何问题都有一个演化的历史过程。如果只是孤立地描述事情本身，忽略了背景的交代或者说背景交代得不清楚、不准确，那么对于人们理解这个事情是有影响的。

在社会学等实证科学研究中，很多时候所研究的对象跟特定历史时期的关联是非常紧密的。举个例子，我们如果讨论职业地位流动，判断子代的社会地位是否比父代上升了，是要去看两代人的职业地位变化情况。但要注意的是，这个职业声望评价体系本身是在变的，如果一对父子，其子代是教师，父亲当年是工人，然后据此说子代的社会地位提升可能不一定是对的，因为这是在用同一个职业声望体系在评价他们，但实际上从具体的历史来讲，很可能父代当年的工人身份比一度称作"臭老九"的教师的职业声望要高。这里的问题是真正的代际流动事实被扭曲了。

历史感的另一个意思是说，研究人员看问题的时候最好把时间维度拉长一点，尽管你在写论文的时候不见得从古说到今，但要让人感到你的文章是在从古到今的观照中写就的，有时候寥寥数语，简单提及前朝往事，文章一下就会"活"不少。我一直认为，搞实证社会科学研究的人最好要有两个功底，一个是哲学，另一个就是历史。我自己的理解是，有了这两个东西，研究者相对不容易陷入一叶障目和偏执的陷阱。当然，如果还有文学的功底，那么文章做起来就可能更好看了。

3.3.6 研究设计余论

研究设计是最能体现作者综合学术功力的地方。一项优秀的研究设计，要求研究者具有良好的理论素养、扎实的方法功底，同时也要求作者在一般性社会知识方面相对比较完备。如果在研究设计阶段遗漏了某些因素，其负面影响一定会在后续研究过程中的某个时候冒出来，要么让你面临学术上的尴尬，要么带来无法弥补的遗憾。

我在这里分享一个小故事。2012年，民政部减灾中心组织了一场关于减灾的学术研讨会议，我刚好受邀列席。会上，北京师范大学的一位教授介绍了一项非洲援助项目，其中她提到一个细节。她说，在对这个项目评审时，评审专家对援助方案表示满意，没有提出大的意见，但有一位专家提出了一个建议，要求把支援的粮食从每袋100斤减为20斤。理由只有一个，那就是被援助的贫民身体状况虚弱，没有力气也没有工具将这100斤的大米从分发点带回家。这个案例给我的印象很深刻，至今记忆犹新。我认为这个小故事对我们做研究设计很有启发。很多研究方案具有理论上的合理性，但实施起来会受到具体条件的限制。如果研究人员能事先考虑到这些情况，则可以有效避免这些情况的出现。

　　此外，方法是为研究服务的，研究者不能片面追求各种方法的使用。有时候，一些方法"不用"胜"用"，能用简单的方法达到目的就不必追求复杂的方法。一位法国研究者曾经说，在法国，如果样本不够100，一般是不算百分比的。另外，研究者要知道每种方法的功用和缺点，不能"硬用""滥用"。比如说，结构方程模型对缺失数据比较敏感，在存在大量缺失数据的情况下最好不用，因为在这种情况下，拟合出来的结果很成问题。每次谈到这个问题时，我总想起我的导师郭志刚教授在课堂上曾经说过的话，他说，你们学习统计，我对你们的要求只有三句话：一是学完了统计，不要再被别人骗了；二是学完了统计，不要去骗别人；三是学完了统计，要防止自己被自己骗了。我想，不光统计，所有的知识都一样吧。

4

写作案例分析及建议

写作是影响文章发表的重要因素。重要到什么程度？可以这么说，有不少在学理上见解很好并且很有意义的研究文章正是因为存在写作问题而丧失了发表的机会。期刊文章的写作当然不仅仅是一个文字表达问题，它同时也反映了作者的思维。从这个角度来说，编辑部拒绝那些问题不清楚、观点不明确、逻辑欠清晰、表达欠流畅的稿件也在情理之中。本章将从文献综述、材料应用、论证逻辑、文字表达、图表使用和基本文字规范等方面对期刊论文的写作进行探讨。我会通过一些案例向大家展示什么样的写作会受到期刊编辑肯定，什么样的写作还值得作者进一步修改和锤炼。

4.1 文献综述三原则

在学术研究中，和既有研究成果进行对话是促进学术传承和创新的根本途径。如果无视他人已经有的研究工作，只顾埋头按自己的想法去开展研究，即使研究成果本身单独来看是优秀的，但对整个知识体系的贡献是要打折扣的。在学术期刊论文写作中，文献综述是必不可少的部分。但就文献综述的篇幅来讲，不同定位的期刊对文献综述的要求不太一样，这一点通过仔细阅读这些期刊上的文章就知道。有的期刊文章的文献综述部分仅有寥寥几百字，有的有一两千字，有的则长达七八千字甚至更多。出现这样的差异当然也跟所选取的研究题目有关。有的研究题目的学术传统较为简单、清楚，有的研究题目的学术传统可能相对复杂。有的研究题目的研究传统在其他研究者那里已经做了很清楚的综述，那么这个时候可以直接引用，而有的研究题目在此前得到的关注相对较少，从而需要进行一个较为系统的澄清和阐释。这些都是影响文献综述篇幅的原因。但不论篇幅长短，我认为好的文献综述在技术性层面都应该具备以下三个特征。

4.1.1　选择准确

选择准确是文献综述的第一个原则。所谓选择准确，是说作者应该根据文章的研究题目去选择那些相关最直接而且最重要的文献进行综述，在期刊对篇幅长短有要求的情况下尤其应该如此。一篇文章的选题价值是在作者对既有研究分析批判的基础上彰显出来的。在文献综述中，作者要指出前人在这个研究主题上做过了什么研究，取得了什么成果，还有哪些遗留问题没有解决，或者别人在哪些地方做得不完善甚至不对，这些实际上是在论述作者选择当前这个研究题目的学理正当性。那些功力深厚的责编或者匿名评审专家，他们在选稿和审稿时会首先看几个内容，一是摘要，二是开头和结尾，第三个往往就是文献综述部分。熟悉某个研究领域的责编和匿审在看到一篇稿件所列的参考文献时，就会大致知道作者可能会做一个什么样的研究。如果再把开头、结论和文献综述结合起来看，可能就会对文章是否靠谱形成一个初步的判断。假如一篇文章在开头表明自己要做的研究和文献综述或者参考文献部分的内容相去甚远，那么就会让人怀疑这篇文章的水平或者作者的态度。出于保护和尊重，我这里不能把那些文献选择不准确的例子直接展现出来，但我可以大致描述其情况。

第一个突出的问题在于文献和文章的主题相关性不强。文章所采用的文献应该紧紧围绕文章的主题，那些和作者观点紧密相关的文献应该优先列入文献综述。举个例子，如果一个人要研究互联网是否影响了个体的社会交往，那么应该首先将那些在这个问题上表示了明确看法的研究纳入文献综述，例如本书第 1 章中提到的弗兰岑（Frazen，2000）及克劳特等（Kraut et al., 1998）。当然，作者可能认为，有关社会网络的理论和互联网环境下的个体社会交往之间也有关联，因此，也将其纳入综述范围。这时候问题就来了。我的看法是要看看这些关于社会网络的文献所提出的核心观点是否是指向社会交往的。如果一篇文章或者一本专著的主题是讨论如何计算社会网络的特征，那么多半不应该列入该篇文章的文献综述范围，尽管它和作者要研究的主题多多少少可能有一点关系。借用费老的差序格局概念来打一个不太恰当的比方，作者的核心观点应该是那个投入河中的小石子，参考文献则是围绕小石子的一圈一圈的波纹。在选择参考文献的时候，作者要选择那些离小石子最近的波纹所代表的参考文献，而不是把参考文献的圈子扩得很大。

谈到这里，可能有人会说，我在文章中详细讨论的文章都是和我的论题紧密相关的呀，你讲的这个问题让我有些莫名其妙。没有错，大部分作者在文章中详细展开讨论的文献基本上还能够做到和主题相关，可能存在的问题至多是是否找到了最具影响力和最具代表性的参考文献。但是这里我想说一下那些没有展开的文献，也即是只在文章中被简单提及的文献。就我个人看到的情况，当前的许多投稿文章在这方面有不小问题。这个现象在很多时候不是一个文献选择是否准确的问题，而是读不读一手文献的事情。

参考文献格式是否统一往往可以作为判断作者阅读一手文献情况的一个指标。我看到不少的参考文献列表，不论中文还是英文，格式可谓"高度不统一"——你会看到各种各样的格式。比如说，中文里面有百度学术的引用格式、知网引用格式及各种叫不上名称的中文参考文献格式。有的文献后面加上文献类别标识（指 [A]、[J] 等），有的则不加；有的作者后面加上英文标点符号"."作为分隔符，有的则是用"，"作为分隔符；有的出版社信息前面加上了地名，有的则不加。英文文献更是花样百出，有的是 APA 格式，有的是 MLA 格式，有的是几种格式的混合体。比如说，对于有多个作者的英文文献，有的直接用了"et al."这样的缩写方式，有的则列出所有的作者名；同样在这种情况下，有的从第二个作者开始，缩写了名和中间名，有的则只缩写名，但不缩写中间名；有的从第二个作者开始，把名和中间名放在前面、姓放在后面，有的则刚刚相反。这种情况反映了什么问题呢？我觉得首先是作者比较马虎，不管你文献怎么来的，你在投稿前应做到格式统一。其次，我怀疑作者没有真正读过这些文献，而是从其他作者的参考文献列表中拷贝来的。我曾经碰到过这样的案例，一个作者的参考文献列表中有大量的英文文献，不仅格式不统一，关键是列表中的部分文献在文章中根本找不到。注意，这并不是多次修改后的稿件中出现的问题（那种情况，可能是由于正文调整后忘了删除相应的参考文献），而是在投来的原始稿件中就出现这种情况。

不读一手文献或者不认真读一手文献就将文献纳入综述或者引用是一件非常危险的事情。这首先反映了作者的治学态度，按照这样的方式治学难以做出真正有价值的东西。我在这里给大家分享一个真实的故事。在北京某高校社会学系研究生入学面试的时候，面试老师问学生都读过哪些社会学名著，其中一位同学说出了一长串书的名字，于是面试老师让这位同学比划一下所提到书目中的某一本的厚度，这位同学的手就尴尬地停在了空中。其实，治学是一个需要下苦功夫的事情。俗话说，懒不治学。文献阅读好比是学习功夫必须练的"扎马步"，练好了终身受益，练不好恐怕就只能是花拳绣腿了。

关于选择文献还有一个问题，就是参考文献的条数多少算合宜。我知道曾经有人统计过中国社会学界几大刊物所刊文章的参考文献平均条数，不乏有作者在写文章和投稿时将其作为参考甚至奉为圭臬。对此，我想说的是，参考文献的数量应该取决于作者所讨论问题的需要。前面已经讲过，如果有些问题的学理脉络清晰，并且文章的重心也不在于从理论层面讨论问题，那么涉及的文献范围可能会相对小一些，这样参考文献的数量会相对少。如果作者讨论的问题涉及到比较幽微的学理辨析和文本考证，那么文献的数量就会多一点。换句话说，文献的多少是外在的表现，实质问题是研究的路数和论文的特性。因此，我建议作者大可不必纠结于文献数目的多少。

4.1.2   详略得当

详略得当是文献综述的第二个原则。回顾文献有时候有点像拍摄电影或电视。摄影师在描述一个场景的时候，往往先用摄像机快速地扫描一下全景，然后将镜头对焦在一个或者几个关键的对象上，并将镜头推进，进行更细部的特写。通过这样的镜头语言，导演或者摄像师非常明确地告诉了观众故事发生的背景和需要特别关注的对象。同样，作者在写文献综述的时候也应该详略得当，体现出层次感。

在一篇文章提到的参考文献中，有些是核心的、关键的、不可或缺的，有些则相对次要。例如说，我们在引入一个理论话题的时候，往往首先要讲清楚这个问题在学理上是由哪一个或者哪一些学者率先提出的，这样的文献是必须提及的，也必不可少。同时，在这个问题上，有哪些重要的意见和观点，这个也必须进行必要的介绍。然后，作者准备和哪些学术观点对话，这些学术观点的具体内容是什么，这个是作者要详细介绍的。按照这样的判断，不同文献的主次和重要程度就比较明确地区分出来了。对于那些重要的文献，作者要用一定的篇幅阐述其基本要点，不能只是简单提及，而对于其他文献，用几句话或者一句话顺便带过就可以。在这里，我以《青年研究》曾经刊发的一篇文章为例来说明如何把握这种处理原则。

我觉得，刊发在《青年研究》2017年第2期的《夹缝中的主体性建构：当代中国劳工自办媒体境况》是一篇写作功底非常扎实的学术研究文章，全文非常严谨，行文十分紧实。其中，作者在文献综述部分的表现也令人称道。这篇文章是一项关于农民工自办媒体的研究，说实话，当时编辑部还觉得这个选题稍稍有那么一点敏感，但文章体现出来的严谨很好地防止了可能的误解，并最终获得了发表。我们来看一下文章的文献综述部分。

首先，作者回顾了"另类媒体"研究传统的起点以及中文研究中的代表作，并简要地回顾了罗慧的《传播公地的重建：西方另类媒体与传播民主化》一书的主要观点。

约翰·唐宁（John Downing）于1984年出版的著作《激进媒体：另类传播的政治体验》（*Radical Media: The Political Experience of Alternative Communication*），被视为当代系统研究另类媒体的起点。此书于2001年推出修

订本——《激进媒介：反抗传播与社会运动》（*Radical Media: Rebellious Communication and Social Movements*），在历史背景、地理空间、媒介形态的维度上拓展了相关内容，但主旨依然是在社会运动的历史语境中考察激进媒介的意义。在现有的中文著述中，关于西方另类媒体，罗慧的《传播公地的重建：西方另类媒体与传播民主化》一书进行了系统研究。在她的分析中，作为"一种修正主流商业媒体弊端的传播机制"，西方另类媒体代表了一种努力方向和行动方式，进行着三个层面的民主实践——"基于反信息霸权的内容民主""基于参与式传播的空间民主"，以及"基于社会行动的行动民主"。不过，另类媒体并非"重建传播公地理想"的唯一行动者，需要与主流媒体和公众进行合力重建。

接下来，作者分别对港台地区和内地（大陆）另类媒体的研究状况进行了介绍，这部分涉及大约 8 篇文献，此部分原文共 1240 字，为了节省篇幅，我没有列出全部内容。

港台地区另类媒体的实践及其社会功能，多为研究者所肯定。成露茜（2004）介绍台湾《立报》和《破报》的经验……管中祥（2009）……黄孙权（2010）……戴瑜慧、郭盈靖（2012）以台湾"漂泊新闻网"为个案，检视资讯社会与弱势群体文化公民权之间的辩证关系，以及如何促成台湾游民另类媒体（Alternative Homeless Media）的崛起。

目前对中国大陆另类媒体的研究方兴未艾。有限的成果中，两点特色颇为鲜明。其一，同性恋群体及相关NGO组织的另类媒体实践颇受关注。曹晋（2007）通过对中国大陆同性恋者健康干预项目《朋友通信》的民族志研究，提出……章玉萍（2014）则聚焦大陆女同性恋另类媒体《lens+》的杂志文本和机构行动，发现……其二，互联网对另类媒体实践的意义被普遍强调。其中，温云超（2009）提出……蔡秀芬（2013）以实务操作中相对具有"独立、批判、自主性"等作为甄选中国大陆另类传播案例标准，发现……

在这部分文献综述的基础上，作者进一步提出了三项值得关注的重要研究，并对这三项研究的内容进行了较为详细的介绍，此部分原文字数为1080字（这里同样没有列出全部）。

具体到中国大陆的劳工另类媒体议题，在笔者目力所及的范围内，有三项研究颇值得关注。一是澳大利亚学者杰华（Tamara Jacka，2006）对在中国都市中谋生的农家女研究。她的研究发现……二是澳大利亚华裔学者孙皖宁（Wanning Sun，2014）对当前中国底层群体的媒体文化实践的研究。她的研究发现……三是万小广（2013）探讨转型期中国"农民工"群体媒介再现的博士论文。他的研究发现……

在这些文献回顾的基础上，作者总结了这些文献的主要观点和特征，并提出了自己的有关看法。此部分原文 517 字（同样没有列出全部）。

　　基于上述的回顾，笔者有以下几点认知：其一，有关西方及我国香港、台湾另类媒体的研究颇有启发和参照价值，限于社会结构的区别尤其是国家－媒体关系的差异，我们探讨中国大陆另类媒体应当在具体历史语境中展开……。其二，同性恋群体作为主流认知中的"边缘人群"，体制话语和现实境遇对其而言具有同一性；相较而言，劳工群体则是面临悖论……劳工群体的可见度相对较低，我们需要提升关注，积极发掘其另类媒体的实践。其三，当前多数主流媒体再现劳工群体基本惯于采取"他者化"的路径……我们应关注不同类型的案例，探讨其宗旨、内容、境遇、话语特征、行动逻辑、传播策略等问题。

仔细阅读《夹缝中的主体性建构：当代中国劳工自办媒体境况》可以发现，作者在文献综述的详略方面把握得十分到位，看完这部分文献综述，会对另类媒体的发展历程、研究传统有比较清楚的了解，同时对研究传统中存在的问题也有了认识，并且，作者在最后一部分对既有研究传统进行了评述，阐述了自己的认知，提出了开展中国另类媒体研究的原则、重点和研究路径的主张（这一点也和下面将要讲到的文献评述有关），整个结构完整、清晰，并且一气呵成。我认为值得我们在写文献综述时借鉴。

4.1.3 既要"述"，更要"评"

文献综述的第三个原则是既要"述"，更要"评"。前面已经说过，文献综述客观上具有阐明研究学理的正当性的功用，因此，在文献综述中，作者首先不仅要勾勒出既有研究传统的轮廓，还要阐述出自己所做的研究与既有研究的关系，点出自身研究的意义，所以这里就有一个对既有研究进行评述的要求。

文献综述不是并且也不能是罗列文献，而必须要对文献内容加以介绍。古人讲，"六经注我，我注六经"。阅读文献是"六经注我"，但撰写文献综述则是"我注六经"。作者一定要尽量用自己的话来讲出文献的观点（当然，内容上要忠实于文献），这样写出来的文献综述才生动而不至于死板。有的作者在写文献综述的时候，往往习惯于罗列张三说了什么，李四说了什么，并且，所罗列的内容往往就是张三和李四的文章内容摘要，这样的文献综述读起来有一种明显的"未消化感"，同时还会让人怀疑作者是否真正读过张三和李四的文章。因此，文献综述要尽量做到"述""评"结合，并且要以"述"画龙，以"评"点睛。

这里我用一个例子来展示文献综述如何较好地实现"述""评"结合。这篇文章也发表在《青年研究》的 2017 年第 2 期，题目是《强势普遍主义与弱势再生产——高校学生干部身份获得的机制检验》。这篇文章主要是分析高校学生干部的身份获得这一现象，并检验普遍主义和精英再生产理论这两个解释哪一个合理。这部分文献综述内容仅 1000 余字，且整体呈现有利于观察作者对"述"

和"评"的把握，因此这里未做删节。

　　一方面，从吉拉斯（Djilas, 1983）的著作开始，社会学研究就构建了一个关于社会主义政治制度下庞大官僚体系的经典想象。虽然官僚干部的地位体系本身也存在一定程度的分层现象（Bian & Logan, 1996; 郝大海, 2010; Walder, 1992; Whyte, 1975; 周雪光, 2015），但他们所享有的再分配权力在社会主义国家组织体系各个层面都是相似的。可以说，再分配体系是社会主义国家治理实现的重要方式，而不仅仅是一种一般社会交换行为的逻辑产物。这也是为什么倪志伟的市场转型论（1989）所设想的各种关于再分配权力在市场化过程中日渐式微的简约命题，被边燕杰（1996）、魏昂德（1995）、谢宇（1996）、奥博沙尔（Oberschall, 1996）等一批学者所关注和商榷的原因。另一方面，从经久不衰的"单位制"研究来看，再分配体系作为治理方式的特征就更加明显：单位制本身具有对社会精英进行组织性管控的制度起源（路风, 1989; Lu et al., 1997）。这一制度起源决定了即使在长时段的形态和功能演变中，它仍然以紧密整合国家治理与地位获得两大社会过程为其核心（李路路、李汉林, 2000; 李路路, 2002; 李路路等, 2009; 李猛, 1996; 田毅鹏, 2015; Walder, 1986; Wu, 2002）。在个体层面，竞争身份背后的地位与资源，便正是完成这一制度过程的微观基础。如此看来，干部身份的安排，本质就是社会主义国家中社会位置安排与资源分配的整体过程，具有重要的理论意义。

不过，同样值得注意的是，上述理论框架有可能夸大学生干部的实际社会地位，尤其是政治权力位阶——干部再"大"，毕竟是学生；换言之，学生干部身份获得所寓意的精英异质性，不应该也不可能大于学生间的朋辈同质性。这表现在：学生干部身份带来的社会资源不可能与实际上的国家干部等量齐观；不仅如此，关于资源分配和利益满足，往往也仅限于阶段性的校园生活范围。这一点是在采取不平等研究视角，并以政治治理和再分配体系为论题背景时所需要保持谨慎的。然而，如果考虑到社会生活中实际出现的大量"团委升官""主席从政""优干保研"一类的现象，上述理论逻辑就仍然在一定程度上成立。身份获得与资源分配间一定程度的延迟和分离，并不能从本质上完全否定学生干部身份在不平等研究中的理论重要性。

正是在这个基础上，本文感兴趣的是：在以精英再生产为标志的阶层固化更为严重的今天（芦强，2014；吴晓刚，2016；郑辉、李路路，2009；张乐、张翼，2012），优势家庭的地位传递会否以直接性的阶层再生产形式表现出来？或者，地位传递并不局限于家庭阶层分层的路径，而是通过其他路径间接性地进行？进一步的，鉴于学生干部是高校与国家治理的科层制工具，对个人能力素质等普遍主义性质的要求是否超越了阶层再生产逻辑，从而使得该身份获得过程相对公平？哪种机制在产生学生干部队伍的社会过程中具有主导性？我们将通过假设和模型分析来一一验证。

从上面这部分引用的文字可以看到，在第一段话里面，作者非常精当地将 20 篇文献的回顾安排在不到 600 个字的篇幅里面。然后，在第二段一开始，作者笔锋一转，以一句"不过，同样值得注意的是，上述理论框架有可能夸大学生干部的实际社会地位"开头进入了对文献的评论，在这段不足三百字的陈述里面，作者阐述了对高校干部身份获得现象的看法，同时在该段落的最后强调指出，"身份获得与资源分配间一定程度的延迟和分离，并不能从本质上完全否定学生干部身份在不平等研究中的理论重要性"，这实际上是作者为自己所开展的这项研究做出的意义说明。在第三段话里面，作者明确提出了自己所感兴趣的问题，并且用几个问句把研究的问题具体化，从而完成了文献综述。

我是这篇稿件的责编。在编辑这篇稿件的时候，我感到作者在构思文献综述部分是费了心思的。作者没有选择展开阐述第一段话中提到的那 20 篇文献的要点（那样会使得篇幅极大膨胀），因为这 20 篇文献涉及的官僚体系研究和精英再生产理论研究一度是非常热的"显学"，在这方面已经形成了非常清晰的理论脉络，尽管研究者的主张各有不同，但对脉络本身很少异议，因此无须赘述。而作者在阐述自己的研究理由和将要做的研究内容时，其笔调的丰满程度就要高得多，这样的安排十分切合作者所选取的研究主题。

这个案例其实也提醒我们，文献综述部分的写作要注意"语速"。这里"语速"一词的核心意思是，介绍他人的研究内容不能拖沓，而是要择其要点，用精当的笔墨勾勒出其轮廓。有的文献综述写得像中学生的课外读本，好几百字的一大段话就讲一个意思，这是不可取的，即使是写专著的时候也不能这样写。关于这一点，我手边有一个例子。我曾经看到过一篇期刊投稿，内容是讲人的社会化和政治社会化，在文献综述部分有这么一段：

> 人的产生和发展经历了长期的过程，直到人类开始群居，形成一定的社会关系和行为规范，人类社会由此产生，所以每个人必不可少地要经历社会化的过程。这里的社会化，就是个人学习社会价值和社会规范的过程，个体由此而内化社会上各种知识、技能、行为与观念，从而顺利参与社会生活的方方面面，尽自己社会一分子的责任。同样地，人是政治社会群体中的一员，也是一国的公民，自然而然需要经过一段政治社会化的学习过程，做当下政治社会中的一员。

大家觉得这段文字有什么问题吗？我的看法是，他的每一句话都没有问题，但是不能用这种方式来做文献综述。因为这段话的核心意思就一句，那就是"人都要经过社会化和政治社会化"。这是准备发表到学术期刊给专业研究人员看的文章，作者大可不必采取这种"语速"来讲这个道理。

4.2　材料要精当，用好有限的期刊篇幅

（我们）基本上一篇文章是 15000 字左右。15000 字也有它的毛病。这里插一句话，因为你们看《社研》和《社会》的文章，基本上一篇文章大概在 20000 到 25000 字。15000 和 21000、22000 字的文章，这七千字通常差在什么地方？通常差在前面的文献综述和理论剖析这块，这块是差得最明显的。至于到后面，尤其是做量化的文章，你展示的图表，对图表做解释，要去找出满天星来（注：指模型分析中的显著度标定），后面这部分是非常相似的，差别就在前面 7000 到 8000 字。这部分对我来讲是最看重的，这块最能够代表一个作者对这个问题的深入程度，你的把握是否到位，就看这七八千字，但是很遗憾，（我们目前）平均篇幅是 1.5 万字左右，这部分是有遗憾的，我去年跟他们讲，我说我们争取每一期至少要有 2 篇差不多篇幅在 2 万字以上的，能够做到至少让这 2 篇文章观感跟《社研》《社会》一样。

上面这段话摘自我 2017 年底在中山大学的一次报告录音整理材料，括号中的字是我现在加上的。这段话是在分析不同篇幅的期刊文章在风格上有什么差异时提到的，当时主要是在讲《青年研究》的办刊发展历程，目的是试图通过这一历程的回顾来说明中国学术环境的变化及对稿件要求的变化。这里将它作为本节的

引子提出来，主要是为了让作者了解如何控制文章的篇幅，同时也表明我本人的态度——我不赞成人为、硬性地控制篇幅，但我更不赞成文章冗长沉闷。写文章的人都知道，长文章好写，短文章难写。能够在较短篇幅把事情讲得清楚、明白、精彩的作者，驾驭长文章一般没有问题，而反过来则不一定。

4.2.1 期刊篇幅分析

期刊的总篇幅是固定的，这是期刊和专著的重要区别之一。比如说，《青年研究》每期固定是 97 页，扣除目录和英文摘要部分，正文内容是 93 页，另外，每年的第 6 期还要扣除全年的总目录占用的页面，所以第 6 期正文只有 91 页。在中国现行出版管理规定下，这个篇幅是绝对不能改的。这也是为什么编辑部有时在排版过程中要作者删除部分文字的原因。

通常，每家期刊都有自己的篇幅要求，这一点在《征稿启事》中一般都会说明。比如说，《社会学研究》《青年研究》对篇幅的要求都是 10000 到 20000 字，《社会》的要求则是 12000 字至 20000 字。而实际上来看，《社会学研究》《社会》刊登的稿件大部分在 20000 字左右，有的也会超过一些，极个别的高达 30000 字以上，而《青年研究》刊登稿件多在 12000 到 16000 字，个别稿件超过 20000 字。期刊单篇文章的篇幅是作者和编辑部在长期的实践和摸索中慢慢稳定下来的，10000 到 20000 字这个篇幅可以满足大多数学术研究论文的需要，因此来说一般也比较稳定。从我接触稿件的实际情况看，大部分投稿的篇幅基本上也都控制在这个范围。

从一篇研究文章（不包括学术评论文章）的内容结构来讲，不外乎包括以下部分：提出问题、分析问题、得出结论。对于社科类学术论文来说，有的还会在文章结尾部分加上一些政策建议。提出问题对应到论文中，通常就是类似"前言""引言""问题""研究背景"部分的内容，而结论对应到论文中通常就是"结论"或"结论和讨论"部分的内容，有的论文还会加上"余论"这样的内容。前言部分的篇幅在文章中间是差别最小的，一般都能用1000字左右交代清楚；而结论部分在不同的研究中会有较大的差异，像《社会学研究》《社会》这样的刊物刊发文章的篇幅较长，通常允许作者在结论部分对全文的研究结论进行总结、概括和再次表述，并且能够相对充分地展开讨论，但《青年研究》的文章可能在写完前面的部分就没有篇幅来进行这样的工作了，因此，其结论部分的内容相对要短一些。

提出问题和结论部分的篇幅差异总的来说相对小，并且这两个部分压缩和扩充的空间也不大。如果过度压缩，肯定会损失重要信息；而强行扩充则如注水，文章会寡淡许多，主要是因为这两部分的实质性内容的弹性较小。

文章分析部分的弹性则差别较大。为什么出现这种情况呢？这里就不得不先提一下"洋八股"。"洋八股"这个词本来指代五四运动后形成的一种文风，是一个贬义词，指照搬西方理论的教条主义写作。2010年，美国纽约大学的彭玉生教授发表一篇关于实证科学研究范式的研究文章，其中用"洋八股"来指代实证科学中的经验研究范式，并提出"洋八股"一般由 8 个部分组成，这 8 个部分分别是问题、文献、假设、测量、数据、方法、分析、结论。这 8 个部分其实不仅反映了实证社会科学的研究方法，还反映了论文的写作过程。我这里借用这一分析框架讨论文章的篇幅安排问题。前面提到的"提出问题"和"结论"实际上就是"洋八股"中的首尾两个部分，而我所言的分析主要指"洋八股"中间的六个部分。在"洋八股"的范式下，定量研究的文章在中间的差别要相对小一些，而定性研究的差别则相对大一点。

先说定量研究。假设两位作者按照定量研究的思路研究同一个问题，那么往往在共同的文献背景基础之下，形成的假设是基本一致的，测量方法基本上也是一致的，定量分析的方法（模型）也会相似，而基于类似方法得到的结果的差别也会很小，这种现象在使用公共数据进行分析的情况下尤其容易出现，这也是我在本书第 1 章谈到的香港科技大学和中国人民大学两位作者来稿高度雷同的内在原因。即便是研究不同的问题、使用不同的数据、采用不同的方法，定量研究的文章在表述假设、介绍数据、介绍方法等三个方面所占用的篇幅也都不会有太大差异，最常见的差异可能是，测量或分析模型比较复杂的，要多费一些笔墨交代测量的方法和呈现模型分析的结果。总的来说，我认为定量研究文章在假设、测量、数据、方法、分析这几个部分的篇幅差异不会太大，并且更关键的是，这几部分的写作篇幅基本上没有弹性。[1]

1　这部分内容的写作可参考蓝石编著的《基于变量类型做好统计分析》一书，其中提供了多个范例。——编者注

基于上述分析，对定量研究来说，有弹性的部分往往就在于文献和分析部分了，对于那些使用非公共数据的定量研究来说尤其如此。这种弹性反映出来，就是我在前面提到的 15000 字的文章和 20000 字文章的差别。这其实也是定量研究文章的作者展示功力高低的地方。功底深厚的作者会在文献部分把知识的脉络梳理得清清楚楚，把自己要研究的问题交代得明明白白；在分析部分则充分展示抽丝剥茧的技艺，把数据结果解读得透透彻彻，然后水到渠成、顺理成章地得出结论，最后使整篇文章读起来的感觉是水乳交融、不枯燥、不乏味。而新手则往往会把定量研究文章写得比较"干"和"生硬"，文章阅读起来连贯性差，"八股"之间的承接属于"硬着陆"。另外，经验老到的作者可以非常灵活地控制文章篇幅，比如前面讲到的那篇《强势普遍主义与弱势再生产——高校学生干部身份获得的机制检验》，作者是完全可以把 1000 多字的文献综述扩充至 6000 字的。

说完了定量/量化研究，我再说说定性/质性研究。定性研究和"洋八股"的距离稍微远一点，至少不会专门辟出篇章来介绍假设、测量、数据、方法等方面的内容，但定性研究同样有问题、文献、分析和结论这四个方面的内容，并且，定性研究也涉及大量的经验材料，这些材料多是文字性的。我个人的看法是，相对于定量研究，定性研究在论文写作上自由度更大，从而作者把握写作的难度也更大，在发表出来的文章中体现出的作者功力高低差异也更大。

就写作来说，定性研究在"问题"和"结论"部分的写作与定量研究差别不大，差别较大的是在文献和分析部分。由于定量研究的具体分析对象最终会落实到假设检验的结果，因此，定量研究在"文献"部分的重心会放在从文献综述中发展出可供检验的假设，在"分析"部分的重心则往往是围绕统计检验结果来展开讨论。定性研究则不同，它所关心的是一个相对更为系统化、更富层次性的理论解释，这个解释所涉及到的、需要讨论的"点"相对于定量研究来说要更多，而不同点之间的逻辑关联也更为精巧和繁复。因此，定性研究论文在写作时就必须充分考虑到这种需要，在分配笔墨上要更加考究，什么地方该深描，什么地方该略谈，都要服从于"把理论解释清楚"这个总目标，这其中的技巧和经验远非这本小册子可以包纳。不但如此，这种技巧和经验也不是通过看书就可以掌握的，往往需要作者在写作的实践中体会总结。

4.2.2 用好有限的期刊篇幅

上面从定量研究和定性研究两类论文的角度分析了文章的篇幅构成。那么，怎么用好有限的期刊篇幅？我这里提以下几点建议。

首先是要做好谋篇布局的工作。要把握住文章最核心、最关键的部分，进行通篇的考量和计划。

有的作者在写文章前没有计划。这可能有两种情况：一种属于"脚踩西瓜皮"，滑到哪里算哪里；另一种则是高手中的高手，对文章主题思想的把握已经胸有成竹，写出来基本上就是定稿。我觉得，写文章跟盖房子比较像，都需要事先有一个明确的设计，因此还是建议大家在写文章之前大体想一下这个"房子"该盖成什么样。比如，文章大致的篇幅控制在多长？本项研究的核心亮点是什么？如何在保持各部分内容平衡的前提下突出亮点？等等。

举例来说，如果一项研究重点在于批评他人的见解，就像前面提到的弗兰岑（Franzen，2000）批评克劳特等（Kraut et al., 1998）对网络社交时间的测量有问题那样，那么文章的重心就在于要指出对方的研究失误并说清楚这种失误的后果。如果文章的重点在于验证假设，那么就要在文献综述中尽力寻古访幽，把学理传统的微妙之处说清楚，尽量使假设建立在坚实的学理基础上，同时把后面要用到的数据的科学性和有效性交代清楚。实际上，一篇文章能够发表出来，潜在的预设是它能带给大家新知识。所以，作者不妨想想自己文章的创新之处在哪里，创新之处即是着力之处。这其实又回到了本书开头所说的，学术是传承和创新。并且，一篇文章有一个真正意义上的创新就已经不错了，因此一定要重点突出。这里我仍然使用我在中山大学的讲座中的一段话来表述。

怎么来谋篇布局？就是你自己在写这篇文章之前，你要想一想，我这篇文章是一篇什么样的文章。通常来讲应该分为几种，如果你是需要验证你的理论或者构建你的理论，你要把你整个的篇幅的构建、整个的风格确立在这个基调之上。验证理论首先要把理论阐述清楚，把你要验证的点说清楚。如果是构建理论，这个时候重点要放在你的材料上面，对材料深入、广泛地挖掘，这样才能写出一篇有建构的文章。然后再看你是一个案例研究还是一个定量研究。如果你是一个案例研究，你需要把这个案例的背景交代清楚，把你取得这些案例材料的过程交代清楚。如果你是量化研究，我们现在都知道纽约大学的彭玉生教授写过一篇文章，叫"洋八股"。"洋八股"的意思，就是上来先提出问题，再到文献，再做假设，再到数据，对吧，然后是模型，然后再是解释，最后再讨论一下。基本上量化都是按照这个模式来的，所以我说大家看量化的文章看得都快要吐了，看来看去表格还是这样的，看来看去，这篇文章是这样，那篇文章也是这样，就觉得很枯燥。

你怎么做到不枯燥？其实从学术文章来讲，最重要的是理论，理论，还是理论。关键点不在于你做的是不是量化文章，我个人的观点，所有的量化文章，归根结底，所有的研究都是故事的研究，你都在问这个世界。量化只是一个手段。那么这种情况下，理论就非常重要，这是第一个。第二个就是你文章的写作技巧很重要，你写之前，可以用思维导图，你把这些点找好了，点跟点之间的关系是什么，你首先要理清楚。先讲什么，后讲什么，能不能有一个问题来引导读者读下去。如果你这个写作技巧不到家的话，会有两种情况：一种是大家不看也知道你下一步会说什么；第二种是看了之后，不想知道你下面说了什么。这实际上是说，你要会讲故事，要有一个问题，有一个内在逻辑的驱动，用这个逻辑去驱动大家把整个故事读完，把你这个故事说得很精彩。这个东西有一些技巧，我的建议是把你要表达的每一个点写出来，每一段话的要点写出来，你自己先思考一下，想清楚。你设想一下，这样写和那样写会是什么效果，自己在脑袋里面操演一遍，想象一下。当你想象清楚了，说服自己了再写。第三，就是你要处理好研究本身和建议之间的关系。对于研究本身要处理好，如果整篇文章没有任何的建议，我不会认为你错，你可以写，也可以不写建议。你要愿意加上一点建议，我们不反对，但是你要加上太多的建议，那我们就反对了。我们的刊物比较偏学理，大家如果给我们投稿，我们不希望长篇地解读它的含义，或者是太多的建议。

其次，材料要有取舍。这一点在定性研究论文写作中尤其重要。定量研究中的"规定动作"比较多，"自由项目"相对少，因此这个问题不太突出，定性研究则要经常面临这个问题。我经常看到一些定性研究投稿在文中大段引用访谈记录或收集来的资料，作者自己的叙述和分析反而不突出。我的看法是，如果没有特别的理由要把整部分资料都放上去，那么就只能放那些和作者观点关联最强的内容，其余的可以用作者的话来概括转述。须知，"资料自己不会说话"，资料的意义需要作者来揭示和阐述。在期刊版面有限的情况下，这一点尤其重要。

再次，学会控制表述的"松"与"紧"。有经验的作者都知道，一个意思可以用一句话表示，也可以用一段话表示。有时候，改变一下句式，调整一下语序，就可以在省略若干字的情况下表达出完全一样的意思。还有，在不影响理解的情况下，有些细节不一定非要呈现出来。我这里举一个假想的例子。假设一段文字是用来介绍李四对张三的批评，并且作者在后文中的重点是要对李四的观点进行讨论。那么，这里可以有两种表达办法。第一种办法是先罗列张三的具体观点，一二三四，然后再讲李四提出的批评；第二种办法则对张三的观点进行概括性介绍，然后具体讲李四的批评意见。哪一种好呢？我认为第二种好。第一种表达比较"松"，行文略显拖沓；第二种比较紧凑，且重点突出。关于这一点，在"文献综述三原则"部分举的例子可以作为借鉴。

最后，要控制全文各处表述的详略程度。尽管文章内容有重点和非重点之分，但仍然是一个有机的整体，因此，全文的表述详略还是要有机统一。我这里用开车来做一个比喻。为了顺利到达目的地，司机在开车时要全程控制速度。文章的重点就好比是路况复杂之处，汽车速度要慢下来，小心地通过，但也并不是说要慢得跟蜗牛一样。文章必不可少但不用详细阐述的部分就像路况良好的路段，汽车可以平稳快速地通过，但也并非快得像赛车那样。读者读文章就跟乘客坐出租车一样，感受好不好，就得看出租车司机的驾驶水平。从这个角度说，作者应努力做个"好司机"。

4.3　论证逻辑严密，免于严厉匿名审稿人的手起刀落

2009 年，我和北京大学的几位老师和同学在一起讨论一个应用课题的研究报告，这个课题是关于北方某市"十二五"规划方案的建议。针对报告中出现的一些问题，我跟他们讲了我的看法，原话我记不住了，大意是，一篇文章最容易被人找出问题的地方就是论证逻辑。到现在我仍然坚持这个看法。我这句话的意思不是说一篇文章的论证逻辑是最容易出问题的地方，而是说，在文献、经验材料、论证逻辑这三者当中，论证逻辑的问题是最容易被发现的，这一点对于期刊投稿的筛选评审来说是千真万确的。

为什么这么说呢？这是因为，相比于论证逻辑的错误，文献和经验材料部分的错误更难发现。一般而言，即便是同行专家也不可能对所有文献都熟悉，因此，对于作者列出的文献，除非是非常明显的错误（比如说，把吉登斯说成是布迪厄，把老子说成孔子），一般来说大家不太容易发现其中的错误。对于经验材料来说，由于作者是经验材料的收集者，他本人是最有发言权的，其他人即便对材料有怀疑，也很难找到证据去质疑。当然，在应用第三方资料（比如说像 CGSS、CFPS 这样的公开数据）的情况下被发现问题的可能性要更高一些。但论证逻辑是体现在字里行间的，白纸黑字清清楚楚，只要责编或匿审专家认真阅读，论证逻辑方面的缺陷是一定会被发现的。有经验的责编和匿名评审专家甚至快速浏览一遍就可以发现作者的论证逻辑漏洞。这里顺便

说一个题外话，在硕博士论文评审和各种会议论文评审中，留给评审者的时间通常都不长，有时候给人走过场或是不认真的感觉，但大多数情况下，评审者都能很快地写出评语并找出问题。原因在哪里呢？原因就在于他们的经验让他们能非常快地找到作者的论证逻辑问题。

4.3.1　几个论证逻辑有问题的例子

在期刊论文的评审中，论文逻辑不通会被视为一个严重的问题。这是因为，相比于文字表述水平不高、文献不完善等问题来说，论文逻辑的改正要困难得多。很多时候，论文表述出来的逻辑问题根植于研究设计，在这种情况下，论证逻辑的错误基本上是无法纠正的。所以，当论文逻辑出现错误时，匿名专家很容易给出差评，有时候甚至直接建议退稿。下面来看几个例子。

第一个例子是一篇关于新媒体和大学生政治认同关系的投稿。这篇文章的作者认为，对新媒体的接触和选择偏好会进一步影响到社会公正感和政治效能感，进而影响社会认同。这篇稿件遭到了匿审专家的严厉批评。匿审意见（有删节）如下，下划线为本书作者所加。

> 不过文章的理论假设推导相对比较单薄，支持的文献较少，缺乏权威文献。模型的设定也存在很大缺陷。作者没有考虑到变量之间存在内生问题，直接认为新媒体接触频率、选择偏好，会影响社会公正感、政治效能感，进而

影响政治认同。实际上，更有可能存在相反的因果关系，如果认为社会公正感、政治效能感和政治认同属于更稳定、恒常的心理状态或特质的话。也就是说，因为特定的政治认同、社会公正感等，影响大学生的媒体接触行为，这个方向的关系有可能更强。也可能存在一些更普遍、更根本、时间也更早的变量，比如威权人格等，决定着社会公正、政治效能和认同，需要加以控制，再考察新媒体使用行为与政治认同、社会公正感之间的关系。很有可能，这些未观测因素决定着上述变量，目前变量之间的关系存在一定的虚假性。不是因为"经常浏览正面新闻报道的大学生政治认同较高"，而更可能是"政治认同较高的大学生经常浏览正面新闻报道"。因此，检验大学生因为浏览正面报道提高了政治认同，或因为浏览负面报道降低了政治认同，需要控制相反方向的因果关系，或控制某些未观测因素的影响。理论上，控制之后，目前的因果关系会减弱，甚至不显著。

目前，实际上是将最可能易变的行为因素作为外生因素，决定着社会公正感和政治效能，进而决定政治认同。当然这一方向的因果关系也是存在的，但在没有特定的统计手段或研究设计的情况下，直接将模型设定为目前的结构，存在问题，估计的效应存在虚假成分。为了结果的可靠性，在方法上，需要在控制这一问题的前提下，再去检验假定模型中变量之间的关系。

从文章回归模型结果来看，控制相关变量，年级与政治认同之间的相关不显著。假定大学阶段是青年接触新媒体的主要阶段，然而，年级变量并不显著。控制新媒体接触行为后，仍然不显著。不过系数已经显著变大，趋势上似乎年级越高，政治认同越强。<u>所以很有可能是相反的关系更关键</u>。生源地、家庭收入等，则呈现了相反的趋势。加入新媒体行为特征之后，反而变得不显著。倒是有可能说明城乡差异构成政治认同的根本因素，而媒体接触习惯反而是中介变量。

由此也能说明，因为影响社会公正、政治效能感、政治认同的因素很多，很多也带有更普遍、根本的意义，而且时序上发生在先，所以模型只是用媒体接触习惯来揭示存在较大问题。

这段文字表明了匿名评审专家对稿件观点的强烈质疑。下划线的部分表明，匿审专家认为很可能存在着相反的因果关系，但作者却丝毫没有考虑到变量的内生性，从而可能导致结论出现问题。匿审专家也从方法上提出了解决办法，但需要作者自己去做更多的分析工作。因此，匿审专家最终建议"改后重评"。

第二个例子是讨论网络时代个人认同问题的文章。匿审专家直接给出了退稿的意见。对文章的内容是如下评价的，下划线为本书作者所加。

就经验材料而言：文章从一人的微信好友圈出发搜集资料来讨论青年的社会化路径显得说服力不足。尽管文章意在以新媒介为场景来展开讨论，但新媒介依然嵌入于日常生活之中，青年个体在微信朋友圈发布日志、点赞评论等行为依然离不开线下的日常交流及人际网络。因此，忽略了对研究对象日常生活的理解，文章的讨论就会缺乏充分的说服力。虽然研究者采取了访谈方法来弥补单纯依赖朋友圈内容的不足，但文章呈现出来的材料仍显单薄。例如关于"大学生是否会成为网络的依赖者？又或者为避免孤独、孤立而在线上频繁自我暴露？"的问题，文章选择从微信朋友圈发布数量最少及最多的两位大学生那里获取答案，让人难以信服。与此对应，研究者开篇提出从研究内容及研究性质出发，该研究不适用大规模问卷调查，而是更适用于以一个真实的社交网络平台为场域对大学生样本展开分析。在此，以真实的社交网络为调查平台与大规模问卷调查之间并无必然的矛盾关系，并且作者也未明确解释究竟为什么不适用于大规模问卷调查。

就分析论述而言：首先，文章未对其核心概念"网络化个人主义"进行清晰界定。这里所说的个人主义究竟是从价值观念的角度出发，还是从技术引发的社会结构性转变的角度出发，抑或二者的结合来讨论问题显得含混不清。其次，部分表述缺少学术思考，例如文章分析媒介机遇抑或媒介困境时提出"尽管微信给大学生带来了便利，但同

时也有可能会造成时间的浪费、精神生活的空虚"更像普
通文章表述方式。最后，更为关键的是，文章基本停留在
现象层面的讨论，多数分析没有上升到理论或学术层面的
讨论，结论部分的思考虽有所涉及,遗憾的是未能深入展开,
且论点新意不足。

从匿审专家给出的评审意见看出，匿审专家认为作者的论述
存在很大问题。文章"忽略了对研究对象日常生活的理解"，"文
章选择从微信朋友圈发布数量最少及最多的两位大学生那里获取
答案，让人难以信服"，同时,还存在着核心概念界定不清晰的情况,
因此建议退稿。

4.3.2　厘清论证逻辑的建议

学术论文论证逻辑的问题可以分为两种：第一种是论证逻辑
本身不清楚；第二种是论证逻辑本身是清楚的，但表述有问题。
对于这两种情况，分别有如下建议。

如果是论证逻辑不清楚，那么需要作者仔细梳理文章的逻辑。
可以考虑画出全文的逻辑关系图，或者使用逻辑思维导图等辅助
工具来帮助自己厘清逻辑思路，还可以考虑和他人共同讨论，来
发现逻辑不清楚和不正确的地方，并找出相应的解决办法。只要
重要的资料都齐备，那么一般说来，这种情况是可以找到解决办
法的。如果缺少关键性的资料，那么则可能会需要开展补充性的
资料工作。

如果是逻辑表述不清楚，就需要从文字工作和文章布局方面下功夫，尝试换一种方式组织文字和表达，必要的时候使用示意图、流程图、结构图等方式来辅助表达，从而达到改善的目的。

4.4   文字表述要规范，免于编辑因畏惧改稿而放弃

古人言，言之无文，行之不远。这句话讲的是好文章要有文采才会流传下来。所谓文采，指的是语言要有吸引力，不能干巴巴。大家注意，"干"和"涩"是有区别的。我觉得我能够接受某些文章或著作的"涩"；但对于所有的文章，我都不能接受"干"。因为有些关于哲学和思想的文章，比如说17世纪、18世纪的西方哲学家的著述，他们的著作读起来很多时候很"涩"，那是因为他们的思考融入在字里行间之中，而这种思考是关于抽象世界的思考，快不起来。但是，"干"对于我来说，实际上意味着没有任何思想在表述里面，因此我不接受。

作为学术期刊文章，表述的严谨性是一个基本的要求。有的作者写作论文十分随意，并不注意学术规范，这种论文改起来会让编辑十分头疼。在目前学术投稿相对丰裕的情况下，责编很可能会因为畏惧改稿而放弃一篇创意还不错的投稿。这里讲一个案例，大家可从中看到，参考文献错误、表述错误、引用不规范、推理逻辑不恰当都是稿件中容易出现的问题。

4.4.1　一个案例

我手里有很多编辑修改文章的案例，但很遗憾的是，不能在本书中展示出来。以下的文字主要根据我在中山大学一次小范围讲座上的录音资料整理而成，个别地方做了文字润色，方便大家阅读，其中加引号的部分为作者的原文。文中提到的这篇文章是一篇经济学领域的来稿，原文讨论的主题我也不介绍了，以免引发读者的过多联想。顺便说一句，当时在中山大学展示文章的时候也做了匿名处理。

我给大家看一个案例，这是我 2011 年改的一篇文章，蓝色字是我写的，这是 ×× 大学的一名博士后和他的合作导师联名投来的，我给了 4000 字的评审意见，但是作者不愿意修改。我们来看看错误的地方。

第一，"青年失业率始终是成年人失业率的 2.6 倍以上"（ILO，2010）。但是，大家看到后面的参考文献里面写的是 2000 年。到底是 2010 年还是 2000 年？

第二，"人口综合生育率已经进入低于 2.1 的更替水平"。他有一个引用说明，说是蔡昉 2007 年的研究结论。我的评价是虽然你用蔡昉的研究结果，但是你最好还是要说明从哪一年进入低于 2.1 的替代水平，这很重要，这才是实质问题。比如说，你说一个地方经济发展很快，经济腾飞，从哪一年开始腾飞？这中间有这么长的历史过程。

第三，"青年逐渐成为我国的稀缺资源"，我说这个结论"尺度"太大一点了吧，是不是可以换一个描述？比如说，青年比例下降？如果说"稀缺"，恐怕赞成的人比较少。

我们再看几个有问题的地方。"技术进步是影响就业创造与摧毁的重要因素"，读得通吗？影响就业创造与摧毁的重要因素，摧毁后面至少要加一个宾语。摧毁什么？我也接不出来好的宾语。还是说这是笔误？"以互联网为例，互联网中心显示到 6 月底达到 2.32 亿"——他用的数据是 2008 年的数据，但是稿件投过来的时候已经是 2010年 7 月份了，你为什么不用最新的数据呢？一般情况下，如果你研究的数据和后面本身的结论有紧密的关系，那么你只能用这个数据，但如果你是在描述现实，应该用最新的数据。

再看这里。"后面出现了技能偏态型技术进步"，作者到后面开始用 SBTC 这一英文缩写（来指代技能偏态型技术进步）。如果是这样用，正常的表达方式应该在这个地方全部用小写，然后是逗号，再把缩写放在后面，这是基本的规范。后面直接用 SBTC，你是让读者去猜吗？这些都是问题。（论文）到后面问题就更多了，用到模型了，我就不跟大家多说这块的事情，只举一个例子。"第二，假设第 j 行业的就业人口在 31 个省的年龄分布结构是一致的"。我当时评价说，这是一个足可以引起结论改变的关键假定，这不是假设，而是假定，并且是一个非常强的假定。

假设是可以被验证的，你现在是假定它已经存在了、是真的，然后才有文章的结论。如果是假的呢？如果你的假定错了呢？

在上面这段录音整理的文字里面，我列举了这篇来稿的错误，其实还有一些没有列出来，我大致数了一下，不算格式和错别字，这种实质性的错误就不下三十处。其实上面举例的文字中还有英文翻译的错误。根据我的经验，大多数责编看到这样的稿件，第一反应肯定是"还有没有别的可选稿件？要是有，这篇就算了吧"。

4.4.2 编辑后期加工简介

在期刊文章发表的过程中，编辑需要在终审定稿之后对文章进行编辑加工。加工的内容包括语言表述的规范化、参考文献的核对、图表内容的格式标准化、段落格式统一，等等。我前面讲过，一篇文章改下来，至少要改动 100 处以上。有的人可能不信，觉得怎么会这么多呢？我这里想说的是，如果只改 100 余处，那么这样的文章对于责编来说已经是极品的好文章了。一篇文章改动上千处地方也并不稀罕。为了证明我所言不虚，我这里跟大家稍作解释。

首先，我说一下表格的编辑。在实证科学中，定量研究是一个重要的传统。而当文章大量使用表格来呈现分析结果的时候，麻烦很可能就随之而来了。例如，期刊的规范有如下规定：表格中的小数点前面不能有"0"这个字符，也即是说，"0.003"要写成".003"；表格同一列里的数字的小数点要对齐，并且小数点后的位数要一致，不足的要补上"0"，也就是说，如果某一列都保留4位小数，那么，".453"就要写成".4530"；全文中的表格小数位数的规范要一致，比如说，在常见的回归模型中，自变量的回归系数（Beta）保留小数点后面四位，而t检验的值通常保留2位，这样的规则在全篇文章乃至整本期刊中都要保持一致。其他的规则还包括：表示显著度水平高低的"*""**""***"指示要用上标而不是正常体的"＊""＊＊""＊＊＊"；一些统计模型中报告的模型参数有固定俗成的约定，哪些需要报告，哪些不用报告，等等。按照上述规矩，大家可以考虑一下，有些模型动辄占用大半页甚至超过1页的版面，其中单元格数百个，如果作者在投稿前没有按规则进行调整，编辑到最后逐一调整是非常耗费时间的，并且一次未必能够改彻底，有时候还会改错，因此还需要反复校对。须知，按照国家出版管理部门的规定，新闻出版物的差错率万分之二以上就是不合格，而上面提到的每一个地方如果没有按照规定排版，都算一个错误。大家可以想象一下编辑因此而承受的压力。

其次，说说参考文献的编辑。参考文献是文章必不可少的一部分。在参考文献的编辑上，基本的规范包括如下几条。一是要求参考文献和正文对应，也即是说，正文中有的，参考文献中一定要有；参考文献中有的，正文中也一定要有。但是前面我已经提到，很多作者在这一条上实际上没有做到。二是要求文献本身不要有误。也就是说，不论中文文献还是外文文献，其内容一定要准确，包括作者姓名、文献题目、出版商（期刊名）、页码。为了做到这一点，编辑需要逐条核查参考文献，找到一手资料，核对作者的信息是否有误。三是参考文献的格式不能有误。前面也提到过这一点，很多作者在参考文献部分格式混用，这在期刊出版中都属于差错。因此，编辑要按照统一的格式，重新编排每一条文献，包括外文字母之间有无空格、标点符号的全半角都要弄准确，如果不准确，也会计算为一处差错。

最后，说说正文的内容和格式。正文的内容和格式包括很多方面，这里先说格式，简单列举如下：全文的版式；表格的字号、字体、位置；正文的字号、字体位置；图表标题和内容的字号、字体；正文中的外国人名地名；互联网资料的引用格式、正文中注释的格式；等等。很多作者在这方面的经验比较差。比如说，在正文中有外国人姓名时，按照规范一定在第一次出现时翻译成中文，然后标注外文，而不是直接使用外文。

这里举一个例子。比如，我们可以使用"吉登斯（Giddens）指出""吉登斯（Giddens，1991）指出"这样的表达，但不能写成"Giddens 指出"，或者是"Giddens（1991）指出"这样的表述。在引用互联网资料时，也需要写清楚所引用内容的标题、提供者、网址和访问时间，而不能只写一个网址。凡此种种，编辑都需要对格式进行逐一订正。除了格式，内容中也有很多需要编辑查看的地方，有些错误需要非常认真才能发现。比如，作者说，"原因主要包括以下五点"，结果作者写了六点原因；再比如，作者说，"这就是表1描述的2000年就业比例远高于1998年的原因"，但实际上，表1中，2000年的就业比例低于1998年的比例。还有，一些作者的重要引文，编辑也要去核对原文，尤其是外文文献。我举个和本部分标题稍稍有些出入的例子，但也跟编稿和审稿有关。在我还没有进入《青年研究》编辑部工作前，编辑部曾请我审稿，要求我看看一篇文章在方法应用方面的情况。结果，在审阅过程中，我发现作者赫然篡改了所引参考文献的观点。以下是我当时给出的审稿意见（注意，这里我没有严格按发表规范写作）。下划线为本书写作时所加。

该文用到了量表的信度和效度检验、回归分析等定量分析技术，同时还用到了抽样调查技术。其中，有关回归分析的方法没有问题，值得讨论的是以下三点：

1. 在 Goldsmith（2000）中（p.308），Goldsmith 参照 Yi（1990）提出的量表为三个两极语义量表（Next, the subjects were asked how likely it would be that they would consider buying that brand （PI） the next time they purchased athletic shoes. Three 7-point bi-polar scales were used. These were anchored by 'very likely/very unlikely,' probable/improbable,' and possible/impossible'），但在本文中，作者说"购买意愿选用 Goldsmith（2000：304-318）开发的4个题项的量表。"可否请作者确认调查中的量表到底有几个题项？和 Goldsmith 所用量表的关系是什么？

2. 在说明抽样情况时，可否在给出总的回收率（82.9%）

的同时分别给出中学和大学的调查回收率？

3. 文章中说"为保证问卷中消费者的国产、国外产品态度和国产、国外产品购买意愿的题项之间具有分辨力，对消费者的产品态度、购买意愿进行区别效度分析。采用 SPSS13.0 进行因子分析，KMO 值为 0.87，Bartlett's 球形检验的显著度小于 0.001，适合做因子分析。数据提取出 4 个因子，题项分别对应于对国产产品态度、对国外产品态度、国产产品购买意愿、国外产品购买意愿四个变量，累计解释方差 65.69%，通过了区别效度检验。"。关于此种做法，有两点评论供作者参考：

首先，作者说"数据提取出 4 个因子"，由此可以推断作者使用了探索性因子分析。但在文章稍前部分，作者说，"购买意愿选用 Goldsmith（2000：304-318）开发的 4 个题项的量表"。将这两点联系到一起就会产生一个疑问，对购买意愿量表的设计究竟是探索分析的结果还是在直接引用 Goldsmith？如果是探索的结果，就没必要说是选用 Goldsmith(2000) 中的量表。如果是直接引用，那么这个探索性分析就是多余的，因为探索性因子本身旨在探索一套指标的内部结构；而作者在提出这四个变量时，显然每个变量已经有了各自的测量指标，而非从 22 个指标中来得出四个因子。

其次，区别效度 "refers to the distinctiveness of constructs, demonstrated by the divergence of methods designed to measure different constructs... the correlation between two scales said to measure two distinct constructs（e.g., anxiety and introversion）should be not so high as to raise doubt whether distinct constructs are being measured, 参考译文如下：区分效度是指概念的独特性，以用于测量不同概念的方法之间的分歧来表示……两个量表之间的相关不能太高，因为如果很高就会产生这样的疑问，即这两个量表所测的是不是不同的概念"（Pedhazur,1991）。因此，其判定是否具备区分效度的重点在于测量不同概念的量表之间相关不要太高。鉴于此，如果作者想要说明概念之间具备区分效度，是否应该报告这几个变量之间的相关情况而非报告因子分析的情况？目前文中的做法，似乎和前面关于从众心理的维度验证没有任何区别，不能构成区分效度的检验。（就评审者的看法而言，此处没有必要进行区分效度检验。这几个量表的效度更多的是由逻辑分析来保证，因为分别测量的是不同的东西。请作者考虑：如果凡是量表都要进行区别效度检验的话，那么为什么不对其他几个概念的量表也进行区别效度检验呢？）

此外，建议作者注意 Park & Lessig（1977）中 Utilitarian influence 这一词汇的翻译。目前作者译为"规范性的服从"，似乎和原文意思出入较大。（完）

当时为了评审这篇稿件，我整整用了一天的时间。我专门去下载了作者提到的两篇重要外文文献，即戈德斯密斯（Goldsmith，2000）以及易（Yi，1990）的这两篇文献。通过仔细对比原文，发现这篇投稿的作者自行增加了一个量表，但未加任何论证，甚至都没有说明增加的理由，并且，作者直接称这是戈德斯密斯的量表，这严格讲已经属于学术不端了。因此，当时给出的意见是，这篇稿件的内容非常成问题，如果不进行彻底修改，是不能够发表的。

4.4.3 对文字表述的建议

文字水平是一个锤炼的过程。古人为了一个字用"推"还是"敲"要斟酌半天，现代人的大白话则说"好文章是改出来的"。这些说法无非一个意思——文章草稿写成以后，要经过反复修改才能达到比较高的水准。因此，说到对期刊投稿文字表述的建议，我的意见就是"多改"。那么怎么个改法呢？

第一步，清理逻辑问题。在文章完成之后，作者首先要反复审读文章，确保文章的论证思路和逻辑没有问题，这虽然和文字表述本身不相干，但如果这方面出了问题，再好的文章也要打乱了重来，前面对文字的修改和润色就成了无用功。

第二步，清理资料和数据问题。这一步工作和清理逻辑一样，也是为了不做无用功。试想，如果等到文字表述都修改完了才发现一项定量研究应用数据错误，然后不得不重新拟合模型，那么很可能很多部分都要重写。

第三步，修订文字表述。修订文字表述又分好几步进行。一是要看文字上下前后的逻辑关系是否有误，比如说上文讲到，不能前面说"以下讲五点"，结果讲了六点。二是看文字的表述是否符合语法，有无搭配不当，尤其是要看那些动宾式的表达是否符合习惯。三是看文章局部的小句群是否组织得合理，逻辑层次是否正确，尤其是一些转折和递进用得比较多的地方，要仔细品味其中的逻辑关系，并尝试找到更好、更符合自己意图的表达方式。四是对参考文献进行逐一核对和格式统一。五是对全文的错别字和标点符号进行校正，这一步还包括改正一些国家出版管理机构禁止使用的词汇和错误的表达。例如，二十多年前曾经有一个经典的错误，某教科书开篇第一句话就讲"1949 年，大陆易帜"，这种表述就不妥当。这五步中的每一步都需要对全文完整地重新过一遍。当然，这五步也不是完全不相干。比如说，有时候在做前四步工作的时候也可以同时看看错别字。完成这五步后，可以重新通读一下全文，感受一下全文的布局，看哪些地方"重了"，哪些地方"轻了"，再进行微调。另外，感受一下哪些地方的"文气"还不够畅通，行文还不够流畅，想办法做一些调整。这样下来，文章可能就改得差不多了。到投稿之前，作者还需认真通读一遍全文，这一遍主要是要最后检查一遍错别字。因为一般责任编辑的习惯是看到错别字会立刻降低对文章的评价。

经过上述步骤改过的文章，通常来说会脉络比较清晰，表述很准确，读起来流畅，这实际上对作者的稿件脱颖而出很有帮助。

4.5　善用图表，把抽象的事情合理直观化

俗话说，一图胜千言。图表在很多时候相比文字具有更强的表达能力，并且有时也更符合人们的思维习惯。在列举大量数据的时候，表有优于文字的地方。而在一些需要表示变化趋势、复杂的结构或者作用机制的时候，图尤其具有优势。因此，在论文中要善于运用图表，以便把抽象事情直观化，有助于读者理解作者的意图。当然，也不能"为用图而用图"，能一两句话说清楚的事情就尽量不要用图，因为用图相对占用版面较多，并且有时候还会增加排版的难度。

4.5.1　用图表示结构

在涉及组织的结构或者作用机制时，图具有无可比拟的优势。我这里用前文提到的《共青团组织推动高校学生社团发展与治理的历程研究》这一篇稿件为例来说明。这篇文章中提到了高校社团发展前后的学生工作对比，其中涉及学生、辅导员、学生处、团委等多个相关主体。作者用了两张图来分别显示学生社团发展前、后我国高校学生治理的组织体系。

在这篇论文中，如果要用文字来表述图里面所表现的各种关系很困难，并且所费的篇幅将非常多，效果还不一定好。而用图4-1来表示，同时配上少量的文字对其中的关键要点进行阐述则可以让读者清楚地理解到作者想要表达的内容。

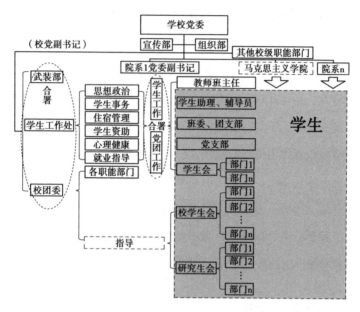

图 4-1 学科班级制下的高校学生治理组织架构

注：原文中的图表号为图 1

4.5.2   用图表示因果逻辑

图的第二个作用是来显示因果机制。对因果机制的探求是社会学、政治学等实证科学的重要学科特点。这一探求反映在定量研究中往往表现为对多个变量作用机制的研究，常用到的分析方法则包括了通径／路径分析（ path analysis ）、结构方程模型（ structure equation model ）、系统动力学 (systematic dynamics) 等。这里我以自己在 2015 年发表的一篇文章作为例子。这篇文章的主题是分

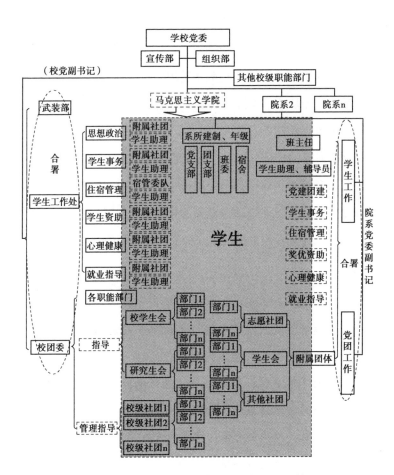

图 4-2 学生社团发展后我国高校学生治理的组织体系

注：原文中的图号为图 5

析大学生当中的三道数字鸿沟的形成机制，以前的数字鸿沟解释是分别进行的，这篇文章是把三道数字鸿沟放到一起进行分析，并且强调三道数字鸿沟之间有着内在的关系，即第一道数字鸿沟会影响第二道数字鸿沟，第二道数字鸿沟会影响第三道数字鸿沟。此外，我还试图从不平等机制的角度阐述家庭的社会经济地位对三道数字鸿沟的影响。

在这个研究的定量分析中，由于部分变量有缺失值，我没有使用结构方程模型，而是分别使用最小二乘法线性回归（OLS）和 Logistic 回归进行分析。在分析过程中，我提出了 6 个假设，写出来很复杂，并且看起来很枯燥。为了对比图示的效果，我把这几个假设列在这里。

假设 1a：大学生初触网时间受到上大学以前的生活地点、家庭经济收入水平和父母文化水平的影响。来自城市化程度较高地区的大学生比城市化程度为低的大学生第一次触网的年龄更低；家庭经济状况好触网更早；父母文化水平较高的大学生第一次触网时间更早。

假设 1b：大学生是否拥有上网设备受到家庭经济状况、家庭教育水平和高校环境的影响。

假设 2a：大学生对"翻墙"的了解受到网龄、每天触网时间长短、专业类别、外语水平、学校环境和自身政治身份的影响。网龄越长，了解"翻墙"的可能性越高；每天触网时间越长，越有可能了解"翻墙"；重点院校和本科院校的学生比起高职院校的学生更有可能了解"翻墙";理工科专业学生了解"翻墙"的可能性更高;政治身份会对学生知晓"翻墙"有影响。

假设 2b:大学生的"翻墙"行为受到网龄、每天触网时间长短、专业类别、外语水平、学校环境和自身政治身份的影响。网龄越长,"翻墙"的可能性越大;每天触网时间越长,"翻墙"的可能性越大;理工科专业的学生"翻墙"的可能性更高,重点院校和本科院校的学生比起高职院校的学生更有可能"翻墙";政治身份会对学生"翻墙"行为有影响。

假设 3a. 相对于重点本科院校学生,高职学生利用互联网获取信息的倾向较弱。

假设 3b. 相对于重点本科院校学生,高职学生应用互联网进行自我互动的倾向较弱。

当时在写文章的时候我就已经想到用图表画出来可能更简洁、更好一点,但我看篇幅已经有 24000 字了,就放弃了这个想法。结果匿审的意见返回来一看,其中有一条就是让我作图。于是就在文章中加了下面这个图。应该说,这样的形式比起仅用文字表述那一段又乏味又枯燥的假设感觉好很多。

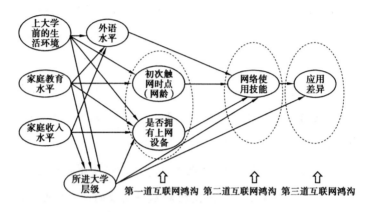

图 4-3　大学生中三道数字鸿沟的关系

注：原文图号为图 9

参考文献

风笑天，2012，《三十年来我国青年研究的对象、主题与方法——对四种青年期刊 2408 篇论文的内容分析》，《青年研究》2012 年第 5 期。

洪岩璧，2015，"Logistic 模型的系数比较问题及解决策略：一个综述"，《社会》35(4)：220-241。

李连江，2016，《不发表，就出局》，北京：中国政法大学出版社。

梅林达·鲍德温著，黎雪清译，2018，《铸造〈自然〉》，重庆：重庆大学出版社。

王磊，《分家对老年人死亡风险的影响——基于中国多世代人口数据库（双城）》，《人口学刊》2014 年第 6 期。

王雨磊，2017，《学术论文写作与发表指引》，北京：中国人民大学出版社。

赵延东，2007，《受访者推动抽样：研究隐藏人口的方法与实践》，

《社会》第 2 期，第 192-192 页。

叶燮，2005，《原诗—瓢诗话 说诗晬语》（2005 重印版），北京：人民文学出版社。

张中行，1995，《张中行作品集第二卷：诗词读写丛话》，北京：中国社会科学出版社。

谢宇，2006，《美国亚裔人口统计描述》，载于谢宇，《社会学方法与定量研究》，北京：社会科学文献出版社。

Ballarino, G.,F. Bernardi, M. Requena, & H. Schadee, 2009, Persistent Inequalities? Expansion of Education and Class Inequality in Italy and Spain. *European Sociological Review* Vol. 25, No. 1, 2009, pp. 123–138.

Wellman, B. and M. Gulia, 1999， Virtual Communities as Communities, In *Communities in Cyberspace*, Smith M. A., & Kollock, P., Ed. London, Routledge, pp.167-194.

De Graaf, N., P. De Graaf & G. Kraaykamp,2000, Parental Cultural Capital and Educational Attainment in the Netherlands: A Refinement of the Cultural Capital Perspective. *Sociology of Education* Vol. 73, No. 2, pp. 92–111.

Elliott, M.,D. MaCaffery, J. Perlman, G. Marshall & K. Harbarsoomians, 2009, Use of Expert Ratings as Sampling Strata for a more Cost-effective Probability Sample of a Rare Population, *Public Opinion Quarterly* Vol. 73, No. 1, pp. 56–73.

Ericksen, E., 1976, Sampling a Rare Population: A Case Study, *Journal of the American Statistical Association* Vol. 71, No. 356, pp. 816-822.

Franzen, A., 2000, "Does the Internet Make Us Longly?", *European Sociology Review*, Vol.16 No. 4, pp. 427-438.

Goldsmith, R. E., B. A. Lafferty, & J. Newell, 2000, "The Influence of Corporate Credibility on Consumer Attitudes and Purchase Intent", *Corporate Reputation Review* Vol.3, No.4, pp. 304-318.

Groves, R. M., F. J. Flowler Jr, M.P. Couper, J.M. Lepkowsky, E. Singer, & R. Tourangeau, 2004,*Survey Methodology,* New Jersey: John Willy and Sons.

Kraut, R., M. Patterson, V. Lundmark, et al., 1998, "Internet Paradox: A technology of reduces social involvement and psychological well-being?", *American Psychologist* Vol.53,No.9, pp.1017-1031.

Lucas, S.,2001, Effectively Maintained Inequality: Education Transitions, Track Mobility, and Social Background Effects. *American Journal of Sociology* Vol.106, No.6, pp.1642-1690.

Kalton, G., and D. Anderson, 1986, Sampling Rare Populations, *Journals of the Royal Statistical Society Series A (General)* Vol. 149, No. 1, pp.65-82.

Kish, L., *Survey Sampling,* 1965, New York: John Wiley and Sons, Inc.

Park C. W. & V.P. Lessig, 1977, Students and Housewives: Differences in Susceptibility of Reference Group Influence, *Journal of Consumer Research* Vol. 4 pp.102-110.

Pedhazur, E., & L. Schmelkin.,1991, *Measurement, Design and Analysis: an Integrated Approach.* NJ: Erlbaum.

Raftery, A. E. 2001, Statistics in Sociology, 1950-2000: A Selective

Review, *Sociological Methodology* Vol. 31. (2001), pp. 1-45.

Raftery, A E,& M. Hout, 1993, Maximally Maintained Inequality: Expansion, Reform, and Opportunity in Irish Education, 1921-75. *Sociology of Education* Vol 66, No.1, pp.41-62.

Sudman, S., 1972, On Sampling Rare Human Populations, *Journal of the American Statistical* Vol. 67, No.338, pp.335-339.

Symons, M.,& Y. Yuan, 1983, Clustering of Rare Events, *Biometrics* Vol. 39, No. 1, pp. 193-205.

Yi,Youjae，Cognitive and Affective Priming Effects of the Context for Print Advertisements'，*Journal of Advertising* Vol.19, No.2, 40-48.

后　记

　　写这样一本小册子有些偶然。我从 2011 年 6 月开始担任《青年研究》的副主编，同时担任责任编辑，中间即便是到国外去做访问学者也没有中断过。在这 8 年中，我总共担任了 100 多篇文章的责任编辑，同时看过的来稿加起来也有将近 4000 篇的样子，这些来稿以社会学领域的研究文章居多，也有部分政治学、心理学、传媒学和经济学领域的文章。在这个过程中，我觉察到了中国学术研究在近年的发展和进步，同时也感受到当前学术研究中的一些问题。不过，我心里一直觉得自己是一名研究人员，因此还没有考虑过要把这些感受整理出来。

　　2016 年 11 月，《青年研究》编辑部举行了一场双年选题会，会议邀请了国内从事青年问题研究的老中青三代研究人员，比较系统地回顾了青年研究的历史和现状，同时对未来两年的选题重点进行了讨论。会议期间，来自华中的一位与会者邀请我去他们学校和年轻教师交流如何在核心期刊上刊发文章。会后，中国人民大学的参会老师也发出了类似邀请。我在 2017 年初开始为交流准备材料，当时的考虑是想和同行交流一下对论文发表相关问题的看法，同时让一些年轻的作者了解编辑工作流程，帮助他们在论文写作过程中避免出现一些可能影响到稿件发表的技术性失误。准备的内容包括了三部分，一是关于《青年研究》的发展历史和现状，我是想以《青年研究》的发展历程为例，来分析中国学术期刊在改革开放以来的变化；二是关于学术期刊编辑选稿工作流程的介绍，这部分的重心是对编辑部各个工作环节的介绍，目的在于使投稿者了解编辑部对文章有什么样的期望和要求；三是通过一些案例，让大家了解什么是比较好的写作，什么样的写作还不够成熟。

后来，我于 2017 年 3 月和 4 月分别在中国人民大学、华中科技大学、中南民族大学等高校进行了报告。2017 年 7 月，南京大学的风笑天教授牵头在成都举办"首届社会调查方法暑期论坛暨系列讲座"，风老师邀请我在会上从期刊编辑的角度谈谈研究方法的应用问题，因此，我又在前述报告材料的基础上进行了扩充，对有关研究方法的内容进行一些细化。这几次的报告都引起了与会者的共鸣，在报告结束后的交流中，一些听众也提出了一些问题，这使我感觉到如何规范地应用研究方法、提升学术研究的质量是当前许多研究者比较关心的问题。在成都这次会议上，刚好重庆大学出版社的林佳木编辑也在场，她在听完报告后，建议我将报告予以扩充，形成一个小册子出版。她的提议让我心里动了一下，因为去成都前，《青年研究》编辑部刚刚承办了中国社会学学会学术传播专业委员会（筹）在 2017 年上海社会学年会上的期刊论坛，当时把论坛题目定为"时代、学理和问题"，目的就是想请大家就当前社会学研究中的选题问题进行探讨，结果大家的响应也很热烈，论坛最后也被年会评为了优秀论坛。这两个事情让我意识到当前研究中的选题问题、方法应用问题以及研究写作问题尽管是老生常谈，但的确仍然是学术研究工作中的薄弱环节，并且，这进一步让我回忆起我在 2011 年前后的一段调研经历。

2010 年，我向中国社会科学院社会学研究所申请了一项国情调研项目，调研主题定为"2000 年以来国内社会统计学发展调研"，调研的对象设定为当时国内 16 所具有社会学博士学位授予权的高校和研究机构。由于经费和时间的限制，2010 年当年只去了 8 所高校；等到 2010 年底提交调研报告之后，社会学研究所认为有必要对剩余的几个博士点也开展调研，于是在 2011 年又设立了一项国情调研项目，完成了剩余 8 个博士点的调研。这两次调研让我对当时国内社会学研究方法的教学和科研状况，以及教师和学生在方法教学和学习中的困境和问题有了大致的了解。

8 年前的调研和 2017 年以来的几次报告经历让我对写这本小

册子有了初步的想法，但最终下决心去写却是在 2018 年 6 月之后。
2018 年春节刚过，重庆大学社科处的吕建斌老师联系我，希望我
能够承担他们 2018 年 6 月"实证社会科学研究方法"培训班的授
课任务。对于这件事情，我最初有所犹豫。主要是担心能否讲好，
因为听众不仅仅来自社会学领域，还有经济学、法学、政治学、
公共管理等多个领域的教师和研究生，后来在课堂上才发现还有
来自外语教学、艺术学和建筑学的老师和学生。其次也担心时间
问题，因为我此前没有专门进行这类普及课程的备课，怕没有足
够的时间准备讲课材料。最后在吕老师的鼓动下，还是硬着头皮
接了下来。培训课程持续两天，在会上再次见到了林佳木编辑，
我们也再一次谈到了写这本小册子的问题，这一次我们基本上达
成了共识，决定在 2019 年完成这一写作任务。

经过大概三个月的写作，基本上完成了初稿。后又根据重庆
大学出版社编辑人员的意见，对书稿的标题等内容进行了加工。
整个的写作过程不算轻松，尤其是在选择写作要点和表述方式时
往往是写了又改，改了又写。在写作过程中使用了在几所大学讲
座时的部分录音整理材料，同时也在举例中引述了一些在《青年
研究》上发表的作品以及几段匿审文字。回头来看，这些引述帮
我"凑"了必要的篇幅，否则，我真的很难在几个月内完成这近
10 万字的写作。此外，《青年研究》编辑部的张芝梅编审是一位
资深编辑，我在和她共事的过程中，学到了很多论文编辑的规范，

弥补了我的知识缺陷。与此同时，她还和编辑部的王兵、石金群等同事一起，在我写作这本小册子的这段时间，主动分担了大量编辑部的日常工作，保证了我的写作时间。在此，我一并致谢。

我自己在网络上基本上是一个"潜水者"，但我乐意和同行们进行交流。对本书内容有任何的意见和评论，欢迎发邮件到 zhaolf@cass.org.cn。

赵联飞

2019 年 3 月 25 日

附　说说科学

以下内容摘自《社会科学研究：从思维开始》

" 科学与问题的提出和回答方式相关，它是用于探索和观察的一套规则和形式，由那些希望获得可靠答案的人们创造。（P2）

" 科学是一种探索模式，为全人类共同拥有。（P3）

" 科学是一种思考和提出问题的过程，而非一种知识体系。（P4）

" 科学的实质在于找出我们能观察到的事物间的关系。（P8）

" 科学策略的要素本身很容易理解。它们是概念、变量、假设、测量和理论。这些要素的组合方式，构成了科学方法。理论的功能是引导出这种方法，赋予它意义，这是通过帮助我们解释被观察到的现象来实现的。（P13）

" 用精确的名字称呼事物，是理解的开始，因为它是心灵把握现实及其众多关系的关键。（P14）

" 科学是一种方法，通过参考可观察的现象来检验概念的表达以及它们之间的可能关联。（P5）

" 如果假设得到了精心设计，科学方法的所有步骤也就随之而来……假设提供了整个结构。（P27-28）

" 社会科学的艺术之一，就是有技巧的问题重构。（P28）

" 科学方法是利用可观察的证据，以一种训练有素的方式来检验思维，并且在该过程的每一步都做到明晰。（P30-P31）

" 科学是一种工作程序，利用对经验的提炼来回答问题。（P41）

" 好的描述是科学的开始。（P43）

" 科学观察方法的优点是，偏见更容易被暴露出来，因为对意义和程序的规定都非常明晰，能被复制。（P57）

" 自变量和因变量的关系在被令人信服地证明之前，只是研究者的一种想象虚构。（P67）

" 科学真正的创造力在于变量的操作化和假设的设计。（P78）

" 科学家主要测量三样东西：变异、与变异相关的数据具有意义的概率，以及变量间的关系。（P82）

" 研究技术更进一步的发展，很大程度不是来自方法论文献的推进（讨论某种方法的局限性或可能的改进），而是来自经由有趣的研究项目激发的动力。（P119）

" 思想提供着那些技术机制背后的脉络。（P119）